T0282110

Psicogenealogía

La simbología
de las profesiones

VÉRONIQUE CÉZARD-KORTULEWSKI

Psicogenealogía

La simbología
de las profesiones

¡Abre la puerta a tu multipotencialidad!

EDICIONES OBELISCO

Si este libro le ha interesado y desea que le mantengamos informado
de nuestras publicaciones, escríbanos indicándonos qué temas son de su interés (Astrología,
Autoayuda, Ciencias Ocultas, Artes Marciales, Naturismo, Espiritualidad, Tradición…)
y gustosamente le complaceremos.

Puede consultar nuestro catálogo en www.edicionesobelisco.com

Colección Psicología

Psicogenealogía. La simbología de las profesiones
Véronique Cézard-Kortulewski

1.ª edición: noviembre de 2023

Título original: *Psychogénéalogie. La symbolique des métiers*

Traducción: *Nuria Duran*
Maquetación: *Marga Benavides*
Corrección: *M.ª Ángeles Olivera*
Diseño de cubierta: *Enrique Iborra*

© 2021, Éditions Quintessence
(Reservados todos los derechos)
© 2023, Ediciones Obelisco, S. L.
(Reservados los derechos para la presente edición)

Edita: Ediciones Obelisco, S. L.
Collita, 23-25 Pol. Ind. Molí de la Bastida
08191 Rubí - Barcelona - España
Tel. 93 309 85 25
E-mail: info@edicionesobelisco.com

ISBN: 978-84-1172-069-4
DL B 17.122-2023

Impreso en España en los talleres gráficos de Romanyà/Valls, S. A.
Verdaguer, 1 - 08786 Capellades (Barcelona)

Printed in Spain

Reservados todos los derechos. Ninguna parte de esta publicación,
incluido el diseño de la cubierta, puede ser reproducida, almacenada,
transmitida o utilizada en manera alguna por ningún medio,
ya sea electrónico, químico, mecánico, óptico, de grabación
o electrográfico, sin el previo consentimiento por escrito del editor.
Diríjase a CEDRO (Centro Español de Derechos Reprográficos, www.cedro.org)
si necesita fotocopiar o escanear algún fragmento de esta obra.

Dedico este libro a todos a quienes
les gustaría cambiar y no se atreven.
A todos los padres que necesitan orientar a sus hijos
en la elección de una futura carrera profesional.
A las personas que se autodefinen como inestables,
dispersas, fuera de lo común o distintas.
A todos aquellos profesionales que desean entender
sus opciones profesionales, y también a los atrevidos,
que viven con alegría su diversidad y su multipotencialismo.

Nota de la autora

Con el fin de agilizar la lectura, en las profesiones, se ha decidido que no siempre aparezcan ambos géneros, el masculino y el femenino. Agradecería que no se me tuviera en cuenta, ya que en este libro no existe ningún tipo de sexismo profesional.

Agradecimientos

Me gustaría dar las gracias a mis padres por haberme animado y apoyado en todo momento, con independencia del (alocado) camino que eligiera seguir.

Doy las gracias a mi marido, quien, aunque me ha hecho recapacitar sobre el resultado (no necesariamente positivo, a su entender) de mis múltiples ideas, me ha brindado su apoyo y seguridad para poder seguir siendo fiel a mis decisiones.

También me gustaría dar las gracias a mis hijos por ser unas bellísimas personas, cuyas reflexiones (no siempre agradables pero muy auténticas) me han ayudado a crecer. Son unos seres sabios y excepcionales.

Quiero agradecer a mis clientes que hayan confiado en mí a lo largo de los años, así como a mis alumnos, con quienes tanto amor he compartido.

Gracias a Alexia y a Céline por su neutralidad, amabilidad y profesionalidad, sin las cuales mis ideas no hubieran podido evolucionar.

¡Y gracias a la vida por haberme ayudado a ser tal y como soy!

Prefacio

El proceso de una persona multipotencialista

«¿Qué quieres ser de mayor?»

Tengo cinco años y soy la atracción de la tarde. En las reuniones familiares, canto «La bonne du curé» mientras bailo. Es obvio que con tanto éxito sólo puedo soñar con ser cantante, lo que hace reír a los que me rodean y, con todo, me anima a seguir insistiendo. Así que crecí con la idea de ser una estrella, pensamiento que se fue disipando a medida que iba a la escuela. Cantar no es una profesión, sino, a lo sumo, una pasión. Mis padres, siempre respetuosos con mis ideas, no me hicieron desistir de este anhelo; fueron la escuela, los profesores y la familia.

Tengo que decir que no estoy convencida de que mi voz me hubiera convertido en una cantante famosa. En cuanto a mi futuro, es algo confuso. A los doce años descubrí que quería ser profesora de educación física. Practiqué mucho deporte y seguí mis estudios en la rama de ciencias sin cuestionarme nada en absoluto. Durante el último año de instituto, entrené a conciencia y aprobé las pruebas deportivas, pero suspendí el bachillerato. Repetí el curso, volví a entrenar, y un mes antes de los exámenes, una mala caída durante un salto me costó un triple esguince. Mi mundo se desmoronó; ya no podría seguir practicando deporte, pues el diagnóstico médico acerca mi vuelta a los estadios no era nada alentador.

«Ya tengo el título de bachiller, ¿y ahora qué?»

Para mí, era tan indiscutible que debía formarme como profesora de educación física que jamás me planteé un plan B. Tengo diecinueve años. Como era deportista, también me interesaba la alimentación, por lo que decidí, aunque un poco tarde, presentarme a una escuela de dietética y nutrición. Me aceptaron rápidamente, justo después de aprobar la primera parte de la prueba de acceso a la escuela de magisterio. ¿Por qué no convertirme en profesora si la docencia era uno de mis deseos más profundos? Me avisaron: mil personas se inscribieron en la primera prueba y sólo trescientas pasaron a la siguiente.

Mis padres, que son un cielo, me encontraron una habitación a dos pasos de donde cursaba mis estudios de técnico superior de dietética, que está en Vichy, a trescientos kilómetros de mi casa, ya que soy de Stéphano. Me fui un poco triste por dejar a mis padres por primera vez y empecé la escuela unos días más tarde del inicio oficial del curso escolar. La primera semana fue difícil. Me sentía sola y llovía. Llamé a mi mejor amiga, que me dijo que su abuelo, a quien yo también quería mucho, había fallecido, y luego a mis padres, para que me animaran. Mi madre me dio una buena noticia. Aunque no me lo podía creer, habían ido a ver los resultados de las primeras pruebas a la escuela de magisterio y había pasado a la siguiente fase.

Subí corriendo a mi habitación, recogí mis cosas, hice la maleta y me fui. Estaba decidido, regresaba a casa, la dietética no era para mí. Ya en casa de mis padres, seguí superando con éxito todos los exámenes de certificación para ser profesora. ¿Iba a ser éste mi camino? Sin embargo, en la entrevista final ante un jurado que me preguntó acerca de la igualdad de género en la vida profesional, fracasé estrepitosamente.

Me consideraba más bien una chica franca y me sentía mal por criticar la paridad obligatoria entre chicos y chicas en la escuela. Argumenté con gran convicción que para mí no tenía sentido que el primer chico de la escuela no tuviera ni siquiera la nota de la última chica. Para mí, se trataba de una injusticia manifiesta. Pero para el jurado, que, sin embargo, acogió con satisfacción mi intervención, le era imposible integrar en su escuela a una «reaccionaria», como ellos lo llamaban.

«Pero ¿qué voy a hacer con mi vida?»

Con veinte años, mis padres, que no eran ambiciosos, no me echaron de casa. No obstante, consideré que era importante tener un trabajo, una profesión reconocida y segura que me permitiera independizarme. En mi opinión, era bastante creativa, me gustaba el interiorismo y estaba empezando a confeccionarme mi propia ropa. Mi padre, que era enmarcador y muy manitas, me enseñó a pintar, tapizar, enmoquetar y clavar un clavo en una pared. Mi madre, que se formó como costurera, compartió conmigo lo básico de una máquina de coser. Me encantaba vestirme con telas de tapicería porque eran brillantes y duraderas. El éxito de mi guardarropa era inversamente proporcional a los elogios de mis padres. Me di cuenta de que me pusiera lo que me pusiera, incluso lo peor, ellos me apoyarían. Sonreía al verlos, sobre todo a mi padre, caminando diez metros detrás de mí mientras me felicitaban por mi última «colección». Habría tenido mucho éxito diseñando ropa de payaso en un circo.

Años más tarde, analizaría que la base de mi éxito procedía del reconocimiento que recibí por parte de mis padres, lo que me permitió desarrollar una gran confianza en mí misma. Si ellos creían que era capaz, ¡es que lo era!

«¡Está decidido, quiero ser decoradora!»

Me formé para ser diseñadora de interiores, incluidos los aspectos técnicos y comerciales. Disfruto tanto diseñando como vendiendo, lo que para mí resulta divertido e interesante. Tengo claro que me gusta el contacto con la gente, y mis primeras prácticas en una tienda de decoración e interiorismo así lo confirmaron. Por desgracia, no pudieron contratarme, pero hallé un trabajo como vendedora en una tienda de *prêt-à-porter* que me vino muy bien mientras esperaba encontrar un lugar en la decoración.

Me instalé en casa y decidí invertir en un sofá de piel. Fui a una tienda especializada y encontré lo que buscaba. El encargado fue quien me atendió. Como soy muy alegre por naturaleza, de forma divertida y con buen humor, hice un boceto de su sofá para pedirle una rebaja en el precio.

No sólo conseguí el descuento, sino que también salí de la tienda con un contrato laboral para el mes siguiente.

Mis conocimientos de decoración me ayudaron a poner en situación a futuros clientes con su nuevo salón y el reto de conseguir la venta era un juego con el que disfrutaba. Fue un verdadero placer trabajar en este lugar con un gran equipo. Todos los sábados, un señor, al que llamábamos vendedor extra, porque venía a ayudarnos los días de mucho trabajo, acudía desde Lyon en un Ferrari. Le pregunté qué había que hacer para poder comprar un vehículo como el suyo. Me respondió que iba a las ferias. Era vendedor de muebles, trabajaba en varias ciudades de Francia y parecía bastante satisfecho con el resultado.

«Está decidido, ¡quiero asistir a las ferias!»

Entonces tenía veintiún años y eso es lo que hice durante cierto tiempo. No compré Ferraris, pero para ser una mujer tan joven me ganaba la vida más que decentemente. Incluso me marché a trabajar a Suiza, Ginebra o Lausana, y conocí a mucha gente nueva; además, aprendí el oficio de la venta de la mano de los mejores.

Mi compañero de entonces se trasladó Val d'Isère, así que pasé una temporada en las pistas, lo que me permitió esquiar todo lo que quise, lo que fue un verdadero placer.

Luego dejé los Alpes y me fui a vivir con mi hermano y mi cuñada a la Costa Azul. Respondí a un pequeño anuncio y, tras un cursillo de diez días en una filial del grupo Hachette, me enviaron a Córcega para vender enciclopedias a puerta fría. Tenía veinticuatro años y me convertí en la segunda vendedora de Francia.

A veces me sentaba en la escalera de un edificio de la urbanización Montesoro, en Bastia, y comenzaba a llorar, preguntándome qué hacía ahí. Pero pensaba en mi jefe, que siempre nos decía que si no se abren cien puertas, no debemos desanimarnos: la ciento una se abrirá y será entonces cuando cerremos la venta.

Esto es lo que ocurre. La venta a puerta fría es una maravillosa escuela de vida y de valor, en la que se aprende a perseverar. Además, descubrí que los corsos son personas extraordinarias que me acogieron con una gran amabilidad y deliciosos pasteles de harina de castañas.

Empecé a ser consciente de que me gustaba escuchar la vida de la gente que conocía. Era toda oídos y la gente lo percibía de este modo. Permanecí un año en la isla porque durante una «operación verano», cuando volvía a trabajar al sur de Francia, le vendí una enciclopedia a un chico con el que me viví.

Empecé a trabajar en una empresa comercializadora de seguros de pensiones y me enviaron a formarme para convertirme en asesora financiera. Más experiencia para mi currículum. La formación era comercial, pero aprendí mucho sobre finanzas. Al mismo tiempo, conocí a una joven que trabajaba en una empresa de cosmética natural vendiendo productos en reuniones. Me encantó el concepto y los productos. A mi primera actividad le añadí esta segunda, poco lucrativa pero, a cambio, muy divertida. Me permitió formarme en estética y pude ofrecer un tratamiento de belleza a las personas que me recibieron mientras alababa los méritos de los productos que utilizaba.

A los veintisiete años di a luz a mi primer hijo. Mi pareja decidió abrir una tienda y una empresa en los Alpes de Haute-Provence. Lo abandoné todo para trabajar en una tienda de fontanería, sanitarios y aire acondicionado vendiendo racores macho y hembra y enviando presupuestos para instalaciones privadas. Aunque no me interesaba demasiado, aprendí a calcular el número y la potencia de los radiadores o los aparatos de aire acondicionado que había que instalar en una estancia. Conocí todo sobre grifería y tuberías.

Luego solté el calentador de agua, las válvulas, la tienda y el acompañante (tal vez demasiado taladrante) y me puse de nuevo en marcha con un bebé bajo el brazo. «¡Quién dijo miedo!». Regresé a la Costa Azul, donde me instalé con mi hijo. Trabajé en algunas ferias del mueble, pero mi maternidad no me permitió marcharme lejos durante mucho tiempo. Así que me trabajé como vendedora en dos tiendas de muebles en Toulon los fines de semana para apoyar al equipo de ventas. Pero seguía sin tener un Ferrari. De todas formas, los coches rojos tampoco me gustaban demasiado, ya que, al fin y al cabo, son muy llamativos. Fue entonces cuando me reencontré con un señor con el que había hecho algunas ferias años atrás. Se convirtió en mi marido y en el hombre de mi vida.

Con treinta años, miré atrás y observé los últimos diez años. Algunos me llamaban inestable y anotaban mi dirección y mi número de teléfono con lápiz para poder borrarlo más fácilmente. Aprendí a vender, incluso a puerta fría, a decorar interiores, a instalar cocinas (aún no lo había dicho), a fabricar muebles, a montar un salón, las cualidades del cuero, los abecés de la fontanería, los productos financieros, la estética y los productos de belleza.

Pero, sobre todo, desarrollé mi capacidad para recuperarme.

«¡Llámame ambiciosa! ¡Aún hay más!»

Los dos volvimos a trabajar en ferias de la industria del mueble. Trabajar juntos era un gran privilegio para nosotros, puesto que nos entendíamos y complementábamos a la perfección. Decidimos darle a nuestro hijo una hermanita. A nivel profesional, mientras los niños eran pequeños, nos los llevábamos a las ferias con los abuelos o buscábamos una niñera *in situ*. Pero cuando el mayor empezó a ir a la escuela primaria, ya no podía pensar en marcharme a trabajar fuera y me vi obligada a encontrar un trabajo fijo.

Sabía vender, decorar y crear necesidad, así que me entré en el sector inmobiliario. Pocas personas son capaces de proyectarse en un espacio vacío o en obras. Yo sabía hacer que los demás lo visualizaran y disfrutaba con ello. Pero este trabajo no me gustaba. Las personas que me visitaban no eran honestas ni formales, y acostumbraban a dejarme plantada. Podía trabajar un mes entero y no ganar nada porque no tenía un salario fijo. Si no había venta, no había dinero. Los agentes inmobiliarios y los negociadores se quejan de ello todo el tiempo, incluso los que ganan muchísimo dinero. Iba a casa de la gente y hablaba con ella; no dejaban de contarme sus vidas y sus problemas, y yo escuchaba. Ya no vibraba.

Entonces tenía treinta y tres años e iba dando largas al tema.

«¿Qué voy a hacer con mi vida?»

Me aconsejaron que fuera a ver a alguien para que me ayudara. Era una sofróloga. En aquel momento yo no sabía lo que era la sofrología. Una sesión me bastó para comprender que quería hacer su trabajo, y me inscribí a un curso nocturno la semana siguiente. No sólo encontré mi camino, sino que también abandoné la actividad inmobiliaria para convertirme en diseñadora de interiores en un establecimiento muy agradable de Cannes. Esta actividad me permitió ganarme la vida y financiar mis estudios.

El tiempo que me llevaba hacer un trabajo bonito de decoración me bastó para darme cuenta de que me asfixiaba en este ambiente recargado. Tenía que tratar una y otra vez con una clientela muy rica y sofisticadamente amanerada, y mi carácter era más risueño y de hacer bromas. Me llamó la atención una joven que vino a la tienda a vender vasos y tazas de porcelana pintados a mano y que tuvieron un éxito increíble.

«He decidido pintar platos y venderlos en los mercados»

Renuncié al puesto de trabajo, y mientras seguía formándome en sofrología, creé mi propio negocio de pintura sobre vidrio y porcelana. El éxito fue inesperado: creé, vendí, gané dinero y me divertí en los mercados. Pero ¡qué cansada estaba! Nunca paraba. Y seguí estudiando.

Tenía reuniones de «supervidrio», basadas en el modelo Tupperware, iba al «Club Méd» a hacer exposiciones y pintaba, siempre pintaba. Incluso un cliente galerista me encargó cien cuadros de vidrio para el fin de semana siguiente, porque estaba haciendo una exposición en Alemania.

Me encantaba lo que hacía, pero quería convertirme en terapeuta. Así que decidí abandonarlo y trabajar media jornada con mi marido, que había abierto su propia agencia inmobiliaria, al mismo tiempo que montar mi propio negocio como terapeuta. No trabajé mucho tiempo en la inmobiliaria porque de inmediato empecé a tener clientes.

«¡Eso es, voy a por todas!»

Con treinta y cinco años, empecé a escuchar: «¿Qué eres, dependienta o sofróloga? ¿Eso no es una profesión, es una secta?».

Había quien confundía la Cienciología con la sofrología, ya que esta nueva terapia es muy reciente. Además, decidí formarme como masajista, porque tras conocer a médicos chinos, comprendí que el cuerpo es un todo. El cuerpo y la mente están unidos, y cuando damos masajes, también trabajamos la parte emocional.

Y, como masajista, volví a oír: «¿Pero eres masajista o terapeuta? Tienes que escoger, te estás dispersando demasiado. ¿Cuál es tu especialidad? Y, además, no eres psicólogo, no cuentas con un diploma oficial, así que no es una profesión».

«Dispersarme. ¿Yo?»

Aunque no lo parezca, siempre sé adónde voy y lo que hago. Lo que para los demás plantea problemas, para mí, es una oportunidad de ampliar mi potencial. Tengo varias herramientas y las perfecciono. Y funcionan. Tengo gente que repite, el boca a boca funciona. Mis buenas amigas me dicen que tengo la suerte de mi lado. A mí me funciona, mientras que a ellas les cuesta arrancar. Me río por dentro, he trabajado duro para llegar hasta donde estoy. La gente que me rodea aún no está convencida de que tengo un trabajo de verdad, pero me respetan y apoyan mi visión. Soy muy afortunada por haber estado y seguir estando rodeada de amor. Cuando sabemos que el amor y el reconocimiento son la base de nuestra autoestima, sé de dónde procede esta energía emprendedora y este positivismo.

«¡Haga lo que haga, sé que funcionará!»

Incluso decidí, porque cada vez recibía más mujeres bloqueadas en su sexualidad, organizar aperitivos de juguetes sexuales. Desarrollé un negocio paralelo en el que creé mis catálogos, mis hojas de pedido y, por las tardes, después de mi jornada laboral, quedaba con mujeres. Aprovechaba para hablar de sexualidad porque se trataba de un tema tabú y desconocido para algunas de ellas. Era consciente de las barreras, que, al final del encuentro, solían caer para muchas mujeres que decidían permitirse hablar del placer.

Y volví a vibrar (no es un juego de palabras). Me sentí realizada con esta actividad, en la que utilicé todos mis conocimientos. Disponer de varias herramientas me permitió ampliar mi campo de acción. Observé que buenos amigos que se estancan en un solo método tienen dificultades para mantener su práctica. A veces no me atrevía a decirles que mi trabajo funcionaba muy bien porque tenía la impresión de que despertaba envidia.

¿Cómo es posible que pudiera trabajar con varias herramientas y que funcionara? ¿Era posible que las utilizara todas muy bien? Pero entonces, ¿cuál era mi especialidad? ¿No había que especializarse? ¡Eso es lo que nos repiten las cabezas pensantes!

«Lo que hago funciona. Entonces, ¿por qué no transmitirlo?» «Está decidido, ¡Formaré a futuros terapeutas!»

Necesitaba una página web. Era consciente de la gran evolución de Internet y de que para que te vean tienes que posicionarte en la red.

Sin embargo, las tarifas que me ofrecían eran demasiado altas para mí. Pero tampoco era tonta. Me adaptaba fácilmente, estaba acostumbrada a lo nuevo y tenía una idea precisa de las palabras que había que utilizar para generar confianza y de los colores que captaban la atención. Me lancé, funcionó, llegaron los alumnos.

No era profesora pero me encantaba transmitir. La formación me permitió viajar en mi ámbito desde la isla de la Reunión a Nueva Caledonia, pasando por Martinica y toda Francia, y conocí a gente maravillosa. Combiné con facilidad clientela y formación. Mi pequeña empresa era tan serena como yo.

«¡Me encanta este trabajo!»

En 2011, tenía cuarenta y seis años y estaba viviendo un gran cambio. Por trabajo, mi marido se marchó a trabajar a cuatrocientos kilómetros de casa y yo decidí seguirle. Con tristeza y rabia dejé a mi bebé y me fui a Aveyron. Nadie me conocía, tenía que encontrar un trabajo, solicité un puesto de secretaria comercial y, gracias a mis numerosas aptitudes, me contrataron enseguida. Este trabajo era para el sustento, pero echaba de menos mi ocupación como terapeuta.

Decidí abrir una consulta y retomé mi actividad favorita. La clientela fue llegando poco a poco y aproveché mi tiempo libre para pintar y escribir. En la época en que hacía los aperitivos de juguetes sexuales había escrito un libro erótico a petición de mis clientas y amigas, y me encantó la experiencia. Siguiendo con otro tema, comencé a escribir *Dico du mal-être* («Diccionario del malestar») porque teníamos que tomar conciencia de nuestro malestar para alcanzar el bienestar. Lo autopubliqué y se lo vendí sobre todo a mis amigos, alumnos y clientes.

Me encanta escribir, así que seguí creando un libro sobre aromaterapia y emociones, y aproveché para registrar una marca de mezclas de aceites esenciales que influyeran de manera positiva a nivel emocional.

Participé en varias ferias de bienestar para distribuir mis sinergias olfativas. Tuvieron buena acogida entre el público, pero el proceso de producción requería mucho tiempo y decidí dejar de asistir a ferias y ofrecérselas solo a mis clientes.

Soy una gran lectora, de manera que basé mis lecturas en los libros de psicología y novelas policíacas. Una idea nació en mí y escribí mi primera novela negra. La vendí por Internet, cincuenta ejemplares en la primera semana. Recibí comentarios agradables, lo cual me motivó.

Soy feliz, apasionada y disfruto con todo lo que hago. Pasé de la terapia a la pintura, de la escritura a las mermeladas y de la formación a los aceites esenciales.

«¡Pero por qué detenerse ahí!»

Un día, un conocido me dijo: «Pero ¿cuál es tu especialidad? ¿Eres sofróloga, escritora, perfumista o masajista? No se puede ser bueno en todo, ¡es evidente!».

Entonces le respondí que la única prueba se encuentra en las creencias que tenemos arraigadas. ¿Por qué no iba a ser posible? «¿Por qué no va a ser posible tener el mismo nivel de competencia en varias actividades?». Además, elegir una especialización significa renunciar o reducir muchas de nuestras potencialidades.

Los anclajes socioculturales comprometen a las personas a aprender un oficio o a seguir una carrera específica para tener más posibilidades de encontrar trabajo. Se les dice que los que no tienen el bachillerato están perdidos y que es hora de que los estudiantes del último curso elijan qué profesión van a ejercer o se arriesgan a quedarse en el camino.

Muchos jóvenes tienen miedo de equivocarse de carrera, de deporte, de ir por el mal camino, o no saben qué hacer.

Lo mismo ocurre con los adultos que amordazan sus deseos más profundos pensando que no es normal que salgan a luz sus diversos potenciales.

Las personas que optan por expresarse a través de sus distintas habilidades no son nada fuera de lo común ni inestables. «Yo las llamo MULTIPOTENCIALISTAS».

- **Multi-.** Prefijo, del latín *multus*, «muchos», lo que indica multiplicidad.

- **Potencial.** Todos los recursos de que dispone alguien, una comunidad, un país. Del latín *potentialitas*: (mismo significado) derivado de *potentia* («poder», «fuerza», «facultad», «capacidad»).

«¡Está decidido, voy a dejar palabra!»

Para mí, la multipotencialidad es el estado de existencia y el reconocimiento de los múltiples potenciales del individuo.

«¡Y decido hacer un libro con ello!»

Si te has sentido reconocido en la definición de multipotencialista, ahora ya sabes que tu funcionamiento es una fortaleza, y que lejos de relegarte al título de disperso, eres el más estable de los inestables. Tienes la extraordinaria suerte de poder hacer lo que deseas. Reclama tu multipotencialidad y haz de tu entusiasmo el equilibrio de tu vida.

Mi objetivo es inspirar a muchas personas que no se atreven a abrirse y ampliar su potencial.

Es importante entender que existen muchas barreras para sacar a la luz las diferentes habilidades del individuo.

Mi trabajo en este libro se basa en el análisis de dos funcionamientos limitantes: la construcción del pensamiento normativo del aprendizaje educativo de la persona y la organización social, cultural y familiar del proyecto de vida de cada persona.

El primer obstáculo para el desarrollo del potencial se encuentra a nivel de los anclajes educativos familiares y sociales.

¿Cuáles son sus funciones y para qué sirven?

Primera parte

¡Abre la puerta a tu multipotencialidad!

Capítulo I

Educación y cultura, una mochila con una carga pesada

Todos creemos en lo que queremos creer y nuestra libertad depende de ello. Pero no es tan sencillo. Si en tu familia las personas queridas y reconocidas son las que se han convertido en médicos y tú deseas ser artista, ¿qué sucederá? Si anhelas su amor y reconocimiento, puedes empezar a estudiar medicina. Pero ¿es éste tu camino? Por otro lado, si te alejas de la cultura familiar de que ser artista no sirve para nada, ¿te excluirán? ¿Merece esto la pena?

Cuando uno toca las creencias fundamentales, llega a los cimientos de la persona: su identidad. Y cuando dos creencias opuestas chocan, es peor aún. En este sentido, son numerosos los conflictos entre padres e hijos. En su proceso de identidad y su deseo de diferenciarse, el joven, cansado de haberse adherido a los dogmas familiares y paternos desde su más tierna infancia, se abre a nuevos entornos. Se le abren nuevas experiencias y, con ellas, una concepción a veces diferente de la vida. Él establece su capacidad para tomar decisiones que pueden estar en total oposición con el aprendizaje de su familia. La incompatibilidad de sus nuevas convicciones con las a menudo radicalmente opuestas de sus padres puede dar lugar a muchos malentendidos, e incluso a separaciones brutales y violentas.

Todas las familias funcionan de manera diferente en cuanto al sistema educativo. Mientras que en unas el niño será respetado hasta en sus elecciones más alocadas, en otras deberá conformarse con seguir el camino obligatorio para convertirse en un miembro reconocido del clan. Pero este reconocimiento tiene un precio muy alto: la limitación. Cada uno conduce su propio vehículo, ya sea un coche deportivo o un pequeño utilitario, y el límite de velocidad, tanto si te encuentras en una carretera comarcal como en una bonita carretera amplia y recta, es siempre de ochenta kilómetros por hora.

Superar el límite de velocidad no es necesariamente peligroso, pero puede salirnos caro. Éste es uno de los anclajes de la sociedad que más representa el miedo a ir más allá y atreverse. Si siento los caballos bajo el capó y creo que no me estoy poniendo en peligro, la sociedad me recuerda que es peligroso y podría castigarme. Como a un niño al que se le ha prohibido hacer algo y hace caso omiso. Sus padres lo amonestan o castigan para que la próxima vez obedezca. La libertad de cada individuo termina con la obligación para con sus padres, familia o sociedad de ajustarse a lo exigido. Permanecer en el clan es ser leal y reconocido por él, evolucionar en un campo de acción bastante reducido y no siempre sentirse bien con uno mismo. Abandonarlo es abrirse a un abanico de posibilidades, permitirte desarrollar todas tus capacidades, en especial las que han sido silenciadas por la estructura familiar.

Vivimos en un mundo en el que ser especialista está muy valorado. Pero aun así las personas que saben hacer muchas cosas no son incompetentes. ¿Acaso no es también importante «ser un manitas» en estos tiempos que corren para evitar tener que estar aflojando la cartera?

Además, una sociedad en constante evolución en todos los ámbitos abre nuevas oportunidades una y otra vez. En cualquier ámbito, la elección es muy amplia. Las posibilidades de formación son infinitas. Y, sin embargo, se pide a la gente que limite su campo de acción para no perderse. En apariencia, sigue siendo seguro casarse con un funcionario o trabajar en un estamento público.

¿Acaso esto funciona todavía? Por supuesto, es lo que muchos padres desean para sus hijos. Pero los tiempos cambian y evolucionan. Es cierto que el temor a la pérdida es un fenómeno que ha quedado anclado en la memoria colectiva de la guerra. Pero si no debemos olvidar, ¿tenemos también que permanecer fieles al miedo que ya no existe? A la mayoría de nosotros nos han educado para no desviarnos del camino trazado y minimizar así los posibles riesgos. Pero éstos pueden ser positivos y, a veces, tomar una pequeña carretera secundaria nos puede conducir a descubrir un pequeño paraíso.

Permitirnos salir del monopotencialismo cultural y familiar que nos encierra en formas de funcionamiento hiperespecializadas puede permitirnos descubrirnos de otro modo y añadir nuevas posibilidades a nuestros logros. Al convertirnos en multipotencialistas, activamos nuestras capacidades para abrirnos a cualquier expectativa.

Todos los seres humanos son distintos, y mientras unos se inclinan por definirse dentro de un marco restringido, otros sólo podrán florecer a través de una multitud de aperturas. Muchos creen que su dificultad proviene de su incapacidad para crear, imaginar, diversificar. ¿Tenemos todos el mismo poder creativo? ¿Cómo podemos abrir ese abanico de posibilidades?

Capítulo II

Abrir el abanico a posibles oportunidades

La palabra posible es lo contrario a imposible. Sin embargo, suele utilizarse no como apertura, sino como limitación. Como si nuestra capacidad estuviera sometida a una reducción constante para llevar a cabo nuestros proyectos.

«¿Crees que es posible?» es una de las frases más repetidas cuando tienes un proyecto de cuya viabilidad dudas.

Cuando uno duda una y otra vez, en primer lugar, es porque le cuesta proyectarse hasta el final del proyecto. En efecto, todo lo que te rodea está ahí para recordarte que salirse de los caminos marcados puede resultar arriesgado. Muy a menudo, estudiantes que han decidido cambiar sus vidas me han contado la respuesta que les han dado quienes les rodean: «¿Pero estás seguro? No es un trabajo de verdad. Y entonces, ¿te vas a ganar la vida? Ya sabes, ser autónomo es arriesgado, no tendrás nómina. ¿Y si no funciona?».

¿Y si funciona?

La opinión bastante frecuente de la gente que «nos desea lo mejor», o de los medios de comunicación, a veces simplista, con frecuencia nos arrastra a cerrar la imaginación positiva. Como si fuera imposible pensar que pudiera suceder. En consecuencia, es difícil que la persona que quiere embarcarse en un nuevo proyecto se convenza de que todo puede salir bien, ya que antes se habrá visto empujada a imaginarse el peor escenario posible.

Porque esta imaginación, que en ocasiones algunas personas describen como desbordante, nos hace mucho más mal que bien cuando su propósito es hacernos pensar en los puntos negativos de la situación. Sin embargo, su función no es meramente de advertencia ya que, por suerte, también sirve para edificar magníficas y sorprendentes construcciones, así como un futuro positivo.

Esta imaginación nos permite representar objetos o imágenes, percibidos o no, combinarlos para crear otros, o incluso posibles escenarios todavía sin vivir.

La imaginación desempeña un papel importante en la configuración de nuestras vidas. Puede ser el vector que nos abra a la diversificación, pero amordazarla también puede reducir el alcance de nuestro potencial. Se utiliza para explorar el mundo mentalmente y realizar los experimentos mentales necesarios para la toma de decisiones y la resolución de problemas. Cuando se pone al servicio de la creación, se convierte en esa capacidad de fecundar la realidad con ideas nuevas, de inventar de tal manera que el orden establecido se tambalee. ¿Cómo funciona la imaginación? ¿Y cómo nos permite crear?

Cuando nuestros sentidos transmiten información a nuestro cerebro desde el exterior, las sensaciones producidas no desaparecen por completo. Permanecen como copias más o menos exactas durante un tiempo variable, y se denominan imágenes. La capacidad de nuestra mente para conservar e incluso reproducir estas imágenes es la imaginación reproductora. Así, nos es posible hacer que todas las sensaciones visuales, auditivas, táctiles, gustativas u olfativas que hemos experimentado reaparezcan en forma de imágenes y con una intensidad que resulte inherente.

Esta facultad es muy valiosa y nos permite almacenar una amplia colección de imágenes a las que acudir en todo momento. Es la garantía de nuestra memoria, pero también la condición de nuestra percepción. En efecto, en el cerebro del niño, la mente recibe imágenes y sensaciones puras, y mediante la combinación, la escucha, la observación y el tacto se llega a reconocer el objeto o la cosa observada. Más tarde, cuando el número de imágenes aumenta, la percepción es más rápida. La recepción de la sensación se completa de inmediato para percibir el objeto o la cosa a través de imágenes almacenadas en relación con éste.

Del mismo modo que podemos almacenar imágenes visuales, también es posible conservar mensajes auditivos en nuestro cerebro. Cuando nos encontramos ante situaciones a las que se puedan asociar estos mensajes, el enlace se realiza de manera automática.

Una persona a quien de niño le han contado que su tío, que había montado una pequeña empresa, se arruinó, si quiere convertirse en empresario puede verse parasitado por este acontecimiento, que está grabado en su memoria. Si el padre de esa misma persona vivió la misma experiencia pero de forma positiva, la combinación de ambas imágenes le ayudará a plantearse lo positivo y lo negativo de su proyecto.

Cuanto más practiques en imaginar lo positivo, más reducirás tus miedos y bloqueos. Por supuesto, parece más fácil crear un objeto o un cuadro que un negocio, porque las consecuencias no parecen las mismas. Sin embargo, el artista que se gana la vida con su pintura o su escultura se encuentra en la misma situación porque todo depende de su capacidad de imaginar y crear.

Por otro lado, no tenemos una buena representación de la imaginación creadora. La mente humana es incapaz de crear nada absolutamente original. Es incapaz de formar elementos que no sean copias de sensaciones del exterior. En realidad, la imaginación creativa es la capacidad de combinar los datos almacenados en nuestra mente. Formamos algo nuevo a partir de varios elementos existentes. Varía mucho de una persona a otra: en algunos casos es casi inexistente, mientras que en otros está ampliamente desarrollada.

Muchos creadores o inventores famosos poseen la capacidad incesante de combinar para crear. Tenemos la impresión de que con una mirada les basta para encontrar el material de su nueva creación. Leonardo da Vinci fue el máximo ejemplo de ello. Su capacidad para combinar elementos y crear otros nuevos es prodigiosa.

Aunque tendemos a estimular la imaginación de los niños todo el tiempo, con los adultos no sucede lo mismo. La sociedad anima a los jóvenes a seguir un camino bien establecido en el que queda poco espacio para los llamados «dispersos». Y, sin embargo, alguien que adquiera muchos conocimientos en distintos campos será más adaptable, incluso maleable. Un artista tendrá dificultades para vender sus creaciones si nunca ha tenido un negocio. Un nuevo empresario puede tener dificultades si no sabe utilizar un ordenador. Un hombre de negocios puede estancarse si carece de capacidad de comunicación…

Detrás de la imaginación, que puede ser creativa o reproductiva, reside también el concepto de acción. Por ejemplo: acabo de hacer una visita a un médico que pasa consulta en su lujosa casa frente a la cual está aparcado su flamante Jaguar. Pensativa, les digo a mis padres que estoy imaginando mi vida futura. Está decidido, seré doctora, tendré una casa grande y un coche muy lujoso. Y bien, mis padres, cuyo estatus social es inferior, podrían decirme perfectamente: «¡Deja de imaginar algo que nunca tendrás! Jamás tendrás la capacidad para ser médico, este tipo de vida no es para nosotros, ¡deja de soñar!».

Me han inhibido la capacidad de imaginar mi vida futura como querría que fuera. Deseo que sea así. Todo lo que tengo que hacer es aceptar lo que mis padres dicen para perder mi oportunidad de estudiar medicina. Sabiendo que es muy posible que hubiera tenido éxito en estos estudios y convertirme en médico. Impedirse imaginar o privarse del derecho a imaginar genera la incapacidad de actuar para conseguir la proyección de nuestros pensamientos.

—Imagino que primero iré a hacer labores humanitarias y luego retomaré mis estudios de ingeniería agrónoma y terminaré mi carrera formándome en medicina alternativa para acabar zen».

—¡¿Cómo!? ¿Estás bromeando! ¡Jamás retomarás tus estudios! Primero termina ingeniería, y después, si quieres hacer labores humanitarias, hazlas. ¡En cuanto al estado zen y terminar tu carrera, ahora no es el momento; ya tendrás tiempo de sobra para pensar en ello!

Ésta sería una respuesta que podría escuchar y que podría influir en mi vida y la carrera que imaginé para mí. Sólo pensar de manera diferente corresponde a salirse de la norma y el sentido común.

Son numerosos los ejemplos en los que varias personas han tenido que superar un desafío complicado. Para empezar, hay que permitir a todas las personas la capacidad de imaginarse pudiendo enfrentarse a dicho desafío. Entonces, la mitad del grupo se puso de lado. A la otra parte se le hizo sentir que era normal que no pudiera hacerlo porque era totalmente imposible. El resultado fue que todas las personas de la segunda parte fracasaron. En cambio, todas las personas del primer grupo, sin influencias ni sabotajes en su imaginación positiva, superaron el desafío.

Nuestra imaginación creativa no siempre sirve para crear materia, sino también para construir nuestras vidas. No limitarle a un niño su capacidad de imaginar objetos extraños o una alocada vida futura le otorgará el derecho a avanzar hacia su propia autorrealización. Formará sus experiencias y crecerá a partir de ellas, incluso si es consciente de que su imaginación era infundada. Quienes hayan sido privados de tal capacidad vivirán en la duda permanente de si hubieran podido cumplir o no sus deseos.

Para muchos, imaginar es soñar, y el sueño es irreal. Además, suele percibirse al soñador como el excéntrico que rechaza la realidad de la vida. Pero no hay que confundir al que vive soñando con el que convierte sus sueños en realidad.

Porque después de la imaginación, está la voluntad de actuar para crear la proyección. La decisión de llevar a cabo este proyecto suele estar supeditada por nuestra capacidad para acatar o salirse de la norma.

Si lo que imagino no encaja con una acción de funcionamiento catalogada como «comprobada y autorizada», no recibiré el apoyo de mis compañeros. De esta forma, podría orientarme hacia un diseño más normal de mi existencia en lugar de abrir la puerta a la totalidad de mis habilidades y aptitudes.

Evolucionamos dentro de un concepto de la vida en el que la «normalidad» está entre raíles y donde las técnicas de aprendizaje amordazan la creatividad. Los marcos de la monoespecialización y la hiperespecialización pueden impedir que los seres humanos se abran a sus diferentes deseos y capacidades múltiples.

Encajar en la norma también significa rendirse a evolucionar en un marco restrictivo. Al igual que la creencia, la normalidad es la entidad de un grupo. Y, como es obvio, puede ser tranquilizador y esencial para consolidar la pertenencia al clan. Pero también puede limitar la construcción y evolución de alguien estancándolo para que siga unas normas impuestas y reconocidas. Sin embargo, el reconocimiento de la fidelidad a la norma está lejos de favorecer el reconocimiento del individuo que se amolda a ésta.

¿Acaso la normalización, la cual, a su vez, constituye la acción que permite ser normal, puede ser un freno para la emergencia del potencial?

Capítulo III

El enorme impacto de la norma sobre la multipotencialidad

Se dice que una persona es normal cuando se ajusta a una norma, principio o conjunto de reglas impuestas por el grupo al que se supone que pertenece.

Para la mayoría de los seres humanos es importante pertenecer a una comunidad, a un grupo o a un clan. De hecho, el grupo ya es objeto de creencias que pueden compensar la impotencia individual. El dicho «La unión hace la fuerza» nos muestra hasta qué punto formar parte de ello puede ser tranquilizador. El vínculo entre los individuos del grupo reside en la adhesión a unos valores comunes. No existe grupo sin normas, pero no hay normas sin la adhesión del colectivo a sus propias creencias.

Estas normas compartidas proporcionan un marco de referencia. La familia es la primera representación de ello. Nuestros padres son nuestra primera referencia. Cuando era niña, lo que decían mis padres era la verdad absoluta. Lo que ellos hacían es lo que era necesario hacer. Entonces, para construirme, me basé, en primer lugar, en la norma impuesta por mis padres. Si deseo que me quieran o seguir siendo reconocido por mis cualidades y mi persona, me adhiero. Pertenecer a la familia no se decide, salvo en el caso de las adopciones, aunque éstas a menudo son establecidas por el adulto sobre el niño. Los rituales familiares son los vectores de esta transmisión. El apego a este clan tiene más que ver con la participación en estos rituales que con los lazos de sangre o legales. Éste es uno de los pocos grupos para los que se presupone el deseo de pertenencia. Parece, pues, que éste mantiene unida a la familia, que es la idea misma de familia. Esta palabra se utiliza muy a menudo en la representación de grupos de personas unidas en torno a creencias y valores compartidos.

Todos tenemos un profundo apego a la idea de no ser como todo el mundo. Y, sin embargo, no nos engañemos, también estamos muy influidos por lo que nuestra sociedad considera «normal».

«¿Por qué poner tanto énfasis en esta normalidad?»

Aparte de ser extremadamente leales a las normas familiares, también funcionamos de manera colectiva. Estamos inmersos en dinámicas de grupo que a menudo van en detrimento de la individualidad. Hay muchos grupos que exigen un ritual de paso para permitir la integración, que a veces roza la falta de respeto por el ser humano. Y, sin embargo, muchas personas pueden poner en marcha un autosacrificio o una superación de sus propios valores para formar parte de un clan. No es infrecuente que las personas cambien sus nombres de pila, se conviertan en hermanos o hermanas y, sobre todo, piensen de forma diferente, de acuerdo con las creencias del grupo, cuando se introducen en determinados círculos. Esto a algunos les puede parecer totalmente inverosímil, indicativo de falta de fuerza de carácter o rayano en el lavado de cerebro. Pero la motivación principal es encajar en las normas del grupo. «Soy como ellos, así que me aceptan como soy». La esperanza es que, como en la familia, se establezca una especie de amor incondicional en el que uno pueda sentirse apoyado, aceptado, comprendido, reconocido… y querido.

Pero hay un aspecto aún más desestabilizador en este deseo de pertenencia. Es el hecho de que, por mucho que valoremos nuestra singularidad, seguimos adhiriéndonos a las normas sociales.

Los estudios han demostrado que si diez personas tienen una creencia falsa y la undécima tiene una verdadera, esta última se unirá al grupo. Si se hubieran mantenido firmes, los demás se habrían alejado de ella. Esta persona no quiso asumir el riesgo por miedo a ser excluida o estar aislada.[1]

Otro problema es que esta visión acentúa nuestra tendencia a aparentar. La imagen que proyectamos a los demás debe corresponderse con la que éstos tienen de nosotros. Si ir de vacaciones al Club o poseer un coche de lujo es necesario para mostrar el estatus social, uno se conformará aunque prefiera ir de camping o un sedán grande y cómodo. Estudiar medicina para convertirse en una persona destacable como «papá» cuando uno sueña con ser electricista puede convertirse en un auténtico calvario si este camino no le conviene en absoluto.

El problema es que nuestra concepción de la normalidad ha distorsionado nuestra percepción de lo que es un ser humano. La difusión de la idea de que ser organizado, zen y refinado es la manera normal de funcionar de la mayoría de la gente genera un sentimiento de fracaso en todos los que no se adhieren a ella.

Algunos consideran que no están a la altura, lo que puede llevarles a la frustración y pérdida de la autoestima y la confianza. Por lo tanto, definir la normalidad equivaldría a exigir que el individuo se ajuste a una norma técnica de normalización: ser y hacer como todo el mundo para ser reconocido como «normal». Y los que se desvían de esta norma serían devaluados.

El caso de los sordos, los zurdos, los diferentes, considerados durante tanto tiempo como simplones o poseídos por el demonio constituye un claro ejemplo. Actualmente, éstos reclaman el derecho a ser diferentes y piden que sus diferencias se reconozcan no como un problema, sino como un activo.

Permitirse manifestar una normalidad es arriesgarse a acabar con la discriminación y la uniformización de las personas. Pero ¿quién puede decir que una cultura es mejor que otra, que una educación es superior

---

1. La expresión «psicología de las multitudes», propuesta por Gustave Le Bon (médico, antropólogo, psicólogo social y sociólogo 1841-1931), destaca el proceso principal de la psicología del individuo en la multitud y el vínculo particular. La necesidad de pertenecer al clan es un factor clave para el éxito del proyecto. La necesidad de pertenecer al clan puede eliminar inhibiciones y represiones. El individuo que está solo fuera del grupo se une a otros para existir dentro del mismo grupo.

a otra, que un hombre es mejor que otro y que una profesión, un deporte o una *afición* es más normal que otro? ¿Cuántas veces has oído decir de un chico que practicaba ballet clásico que debía ser gay, y que una chica no puede ser albañil porque sería considerada una marimacho? Por cierto, la palabra *maçon* («albañil» en francés) es muy poco conocida, salvo para describir a una mujer que es miembro de la *francmaçonnerie* («francmasonería»).

¿Por qué tiene que haber trabajos de hombres o mujeres en el mundo normal? Por supuesto, sabemos que las aptitudes de los hombres y las mujeres son diferentes, sobre todo en términos de fuerza muscular. Pero hoy sabemos que algunos hombres trabajan como excelentes matronas y que es mejor no meterse con ciertas mujeres obreras de la construcción.

La normalización conduce a la uniformidad. La uniformidad carece de valor biológico y, en biología, la diversidad es una ventaja, tanto desde el punto de vista de la supervivencia de una especie como del equilibrio de un ecosistema.

Una persona, en su singularidad, es insustituible. No es en absoluto comparable a otros, ya que posee un valor propio. En este sentido, Kant explicó que el ser humano es inapreciable. Es decir, que está por encima de todos los valores: no tiene precio, tiene dignidad. También en esta conciencia moral la normalización puede constituir una afrenta a la dignidad humana. Puede llevar a la pérdida de la identidad personal.

«¿Normalización desde la infancia?»

En el ámbito de la educación, podemos considerar el entorno escolar como una «microsociedad» en la que los alumnos también están sujetos a normas sociales, como las normas escolares, la educación, los modales… En este caso, los alumnos necesitan adquirir habilidades sociales para cumplir los requisitos de las normas sociales. Enseguida pueden establecerse sanciones por incumplimiento de las normas de conducta. Si bien hoy está prohibido maltratar a un niño, es paradójico que no esté sancionado abusar de él moralmente. Si se supone que la educación de un niño tiene lugar dentro de la familia, uno se da cuenta de que lo que experimenta a nivel escolar puede moldearlo o embrutecerlo en la construcción de su personalidad.

Recuerdo a uno de mis profesores de matemáticas del instituto que se deleitaba sacando a la pizarra a chicas con problemas. Cuando una de ellas no conseguía terminar el ejercicio propuesto, el juego del profesor consistía en menospreciarla diciéndole que sólo servía para las tareas domésticas o para trabajar como cajera en un supermercado. No sólo humillaba a las jóvenes, sino que también menospreciaba y desacreditaba ciertas profesiones por creerse un ente superior en virtud de su condición de profesor.

Lo lamentable de todo esto es que esta chica, sometida a repetidos ataques contra su persona puede haberse encerrado en una visión muy negativa de sí misma e identificarse con la norma que se le ha impuesto. Es posible que años más tarde esté desempeñando una de las profesiones que señaló su profesor por haber fijado que ése era su futuro y su capacidad por sí sola.

Al parecer, un niño que está bien integrado por otros alumnos y profesores está más motivado que un niño rechazado. Si este último no se siente apoyado ni aceptado por sus compañeros, puede desarrollar un gran malestar y sentirse fuera de lugar. Esta situación de malestar a veces puede afectar a la concentración y perseverancia del alumno y anclarlo en la falta de autoestima.

No poder integrarse en el grupo y ser reconocido dentro de él no favorece la confianza en sí misma. La mayoría de las veces, ese niño que no se ajusta a las normas de la clase o a los compañeros suele ser rechazado. Esto requerirá una gran fuerza de carácter o un entorno familiar predominantemente benevolente y favorecedor de la libertad para que el niño desarrolle su propia personalidad y prospere así en su vida adulta.

Si algunas familias han heredado una visión bastante limitante en cuanto a la multipotencialidad del individuo y de sus hijos, la educación en las escuelas no dista demasiado de este enfoque. El «qué quieres hacer cuando seas mayor» tiene sentido cuando, en la escuela secundaria, se le pide al alumno que empiece a pensar hacia dónde dirigir sus estudios universitarios. Así, pasará de «quiero ser médico o cantante» a «hay que hacer una elección concreta». Lo que antes era un juego de preguntas y una ilusión empezará a quitarle el sueño. Pero ¡cómo pueden explicar que hay cincuenta cosas tan diferentes que le gustaría hacer sin tener que escuchar: eres encantador pero no puedes ser policía y decorador, vas a tener que elegir!

Y, sin embargo, conozco personas que desempeñan varias actividades totalmente opuestas y que destacan en cada una de ellas. Mi amigo Michel Rebibo es cirujano odontólogo y ha sacado tiempo para hacer espectáculos unipersonales. Puedo decir que, sin duda alguna, es competente en cada una de sus actividades y que ha conseguido crear un equilibrio en su vida.

Pero resulta que en nuestra cultura, la noción de una vida regulada está ampliamente normalizada, e incluso romantizada. Para ser feliz hay que tener «¡un buen trabajo, una familia, una casa, hijos, un perro y un pez de colores!». La idea de que todos tenemos grandes cosas que hacer en nuestro paso por la tierra y que nos interesa encontrarlas a riesgo de perdernos la vida es bastante estresante y limitante. Animar a un joven a buscar aquello con lo que podría realizarse mediante la restricción de sus opciones a lo más práctico o lo mejor de la educación y la formación no puede enriquecerle en su apertura al abanico de posibles oportunidades.

Ciertamente, crecer en el seno de una familia donde sólo se reconocen las profesiones intelectuales no favorecerá al joven que quiera ser artista, o viceversa. Resulta que la lealtad familiar está a veces tan arraigada que algunas personas pueden seguir un camino que no les conviene e incluso seguirlo durante toda su vida. Traicionar la norma familiar puede conducir a la exclusión. Si me atrevo, ¡me quedo solo! ¿Merece la pena?

¡Cuántos se han encontrado con las maletas en la puerta por atreverse a desafiar las leyes de la familia! Quería ser actor cuando podía haber sido médico, ¡que se las apañe solito! Lo peor es que la mayoría de las veces, estos padres notorios enfrentados a sus hijos por haber sido fieles a su propia elección aseguran que sus ideales son por el bien de la familia. ¿Por el bien de quién? ¡Piénsalo bien! ¡Por su propio bien! Son estos padres los que se han quedado encerrados en la lealtad a la norma familiar. Y el hecho de que ellos mismos hayan sido incapaces de romper con dicha norma les remite a la valentía de sus hijos. Entonces, la ira que han podido acumular hacia su propio funcionamiento y todas las frustraciones generadas encuentran un medio para ser evacuadas: el hijo que decide individualizarse. Éste les devuelve lo que ellos no tuvieron el valor de hacer: emanciparse de leyes de la familia.

A veces, en estas familias suceden tragedias que llevan a la separación de gente que se quiere pero que no se soporta por la imagen reflejada en el espejo del otro.

En otras ocasiones, se crean separaciones morales en vez de físicas. Si sus hijos no siguen el camino señalado, los menosprecian, se mofan, se burlan, e incluso ridiculizan si la persona fracasa. Lo más interesante es que el joven que se individualiza sigue teniendo una gran necesidad de reconocimiento por parte de sus padres. Éste, por propia elección, puede dejarse la piel para que sus padres estén orgullosos de él, pero renunciando a sus propios deseos.

Recuerdo a una clienta cuyo padre y madre eran médicos, todos sus hermanos y hermanas eran médicos y ella había decidido ser profesora deportiva. Su padre había afirmado que, a excepción de la profesión de medicina, todos los demás trabajos eran una «mierda», y que si su hija había elegido la «mierda», no tenía más remedio que quedarse allí. Cada día después de su jornada laboral, esta mujer daba clases, y los fines de semana los dedicaba a hacer prácticas. La primera vez que la vi estaba agotada, no tenía tiempo para ella, para su vida de mujer y no le quedaba energía. Cuando le pregunté la razón de esa montaña de trabajo, me dijo que cada mes estaba orgullosa de contarle a su padre lo mucho que había ganado haciendo ¡su «mierda de trabajo! Así que salirse de la norma no es ninguna nadería, especialmente cuando es para conseguir el reconocimiento que ansiamos para reforzar nuestra confianza en nosotros mismos.

Como se ve, salirse de la norma no es tan sencillo. Ser fiel a ella significa estar seguro de contar con el reconocimiento y el apoyo de sus homólogos. Romper con esto es arriesgarse a quedar en evidencia y ser considerado un excéntrico. Pero ¿acaso para un ser humano no es la normalidad su capacidad de escuchar y crearse a sí mismo en lugar de ser creado?

La influencia de la familia, la cultura, la educación y la religión a veces es difícil de soportar porque puede recluir en lugar de liberar. ¿Quiénes somos nosotros para juzgar lo que es bueno para el otro? Allí donde una persona prospera yendo durante cuarenta años a trabajar a la misma oficina de la misma empresa, rodeada por los mismos jefes, otro cambiará diez veces de empresa, desempeñará diez empleos completamente opuestos con diez jefes distintos, además de vibrar cada mañana de camino al trabajo.

Entonces, ¿dónde está la normalidad? ¿En hacer lo que hace la mayoría, pero retrocediendo, o atreverse a ir contracorriente pero vibrando? Tengo tendencia a creer que muchas personas viven una vida que no les conviene, pero no la cambian porque piensan que la vida es así, que es lo normal. Con frecuencia oigo a mis clientes hablar del trabajo «para comer». En efecto, alimentarnos es vital hasta que nos expliquen, en todo caso, cómo hacer la fotosíntesis.

Entonces, ¿por qué somos tan malos en general? Comemos y bebemos hasta saciarnos gracias a nuestro trabajo «para comer». La mayoría de las personas que conozco y que funcionan así comparten el mismo discurso: no hago lo que me gusta pero tengo un trabajo. En efecto, actualmente tener una actividad profesional ya es una ventaja, pero ¿a qué precio? Levantarse todas las mañanas con un nudo en el estómago puede, aunque el plato esté bien lleno, ponernos enfermos. El estrés en el trabajo, el agotamiento y los suicidios nos muestran hasta qué punto algunas personas están descontentas con su vida profesional. Lógicamente, hay otros factores, como la familia y la economía, pero ¿acaso no constituyen todos ellos un conjunto? No hay que ver la moda de las vacaciones, los gimnasios y las actividades artísticas. ¡Las personas necesitan divertirse para dar un sentido a sus vidas!

Por ende, ¿por qué no preguntar a los niños qué quieren hacer en la vida para ser felices? Tal vez porque antes del placer, sentimiento inmaterial, primero viene lo material. La mayoría de las veces se les preguntará qué quieren hacer para ganar dinero, conseguir estabilidad y encontrar un trabajo con más facilidad. Pero el placer a menudo queda relegado a un último lugar. Así que, en efecto, para algunos el placer puede ser ganar dinero y conseguir estabilidad o estatus social.

Pero, para otros, lo que cuenta es la pasión por lo que hacen. Y a veces hacen, o han hecho, muchas actividades a la vez. Incluso se los tacha de inestables, ya que se destaca su incapacidad para permanecer en el mismo puesto de trabajo dentro de una empresa. Pues sí, lo normal es permanecer el mayor tiempo posible en una empresa. Si lo consigues ¡ganas! Y si no, ¡pierdes! ¿Ganar y perder qué? El reconocimiento de los demás, ¡por supuesto!

¡Ése es un buen chico! Lleva diez años en la misma empresa, no como su hermana, la inestable. ¡Realmente esta chica no es normal!

Curiosamente, siempre me he preguntado por qué determinadas profesiones aún no han desaparecido. Muchos jóvenes suelen explicarme que les hubiera gustado cursar unos estudios concretos, pero que abandonaban la idea por la falta de oportunidades laborales. Así que se enfocan en formarse en otra profesión con mayores posibilidades de contratación, aunque ésta no sea de su agrado.

Entonces les pregunto si la primera profesión que habían elegido está desapareciendo y me responden con una sonrisa que no lo creen. También les pregunto por las cualidades y los sentimientos que les podrían aportar estos dos caminos. La profesión elegida desde el corazón es la que les hace vibrar, mientras que la segunda es una profesión elegida desde la razón. La cuestión es qué es más importante para ellos, sabiendo que todavía quedan plazas disponibles para la primera opción, y que aunque que haya menos salidas laborales, también pueden llegar a ganarse la vida. Quizás tengan que esforzarse un poco más, ya que esos estudios acostumbran a ser menos asequibles, pero sarna con gusto no pica. El objetivo es proyectarse hacia la meta, porque si ésta es emocionante y te hace vibrar, será más fácil luchar por ella día a día. No obstante, cuando es todo lo contrario, será difícil destacar en los estudios y el resultado estará abocado al fracaso.

Imagina que tienes mucha hambre y te enfrentas a dos carreras de obstáculos. La primera parece muy difícil de superar, pero al final hay un enorme plato de recompensa que te encanta y cuyo olor te hace la boca agua. La segunda es más sencilla, pero sigue estando llena de trampas y, al final, el plato es un simple sándwich. La elección de una u otra irá en función de tus prioridades. Si tu prioridad es alimentarte, elegirás el sándwich que te saciará, pero no podrás comértelo sin otro placer que el de alimentarte. Si tu prioridad es la diversión, encontrarás la fuerza necesaria para realizar la carrera y saborear este plato con el que deleitarás tu paladar. No existen reglas, las estableces según tu personalidad. Ahora bien, ten por seguro que si en ese momento hubieras tenido público, gran parte de él te aconsejaría que hicieras la carrera más sencilla y no te complicaras, porque es lo que ellos harían, mientras que unos pocos te aconsejarían que lo disfrutaras.

¿Y si preguntáramos a los adultos qué quieren hacer para ser felices en la vida? Porque posiblemente hayamos olvidado que no sólo los niños tienen derecho a elegir. Los adultos tienen también lo tienen. No sólo los estudiantes tienen derecho a suspender, también los adultos pueden cometer errores o cambiar de camino. Porque nosotros, ya seamos un hombre o una mujer maduros, ¿tenemos que quedarnos estancados en un funcionamiento que no nos conviene y no nos hace disfrutar de una vida mejor? ¿Qué es un niño, un adolescente, un estudiante si no un adulto en potencia?

A cualquier edad, con independencia de nuestro sexo, educación y cultura, tenemos derecho a cuidar de nosotros mismos. La elección no es exclusiva de los niños, sino que está en todos nosotros. Decidir conseguir nuestros sueños más profundos y utilizar nuestros diversos potenciales para florecer tiene más de sentido común que de insensatez.

En nuestra cultura, si vas contracorriente, eres alguien aparte. O estás loco o eres demasiado valiente. Si, además, todo te interesa de manera que pasas de una actividad a otra y sueles desarrollarte en profesiones atípicas, entonces sí eres un inconsciente. Ahora bien, si te sientes especialmente cómodo y realizado con tus diferentes actividades y te hace vibrar pasar de la informática a la sanidad, entonces no eres un individuo anormal. Eres un ¡multipotencialista!

Capítulo IV

Reconocer a un multipotencialista

Todos somos seres diferentes y no funcionamos de la misma manera. Donde algunos sueñan con una casa, familia e hijos, otros se imaginan viajando por todo el mundo con una mochila. A diferencia de quienes se ven a sí mismos como directores de empresa, amasando millones de euros, hay a quien le gustaría vivir en autarquía sin más ingresos que su cultura y su ganadería. Levantarse cada mañana con la vista puesta en un número o rendimiento también puede desanimar a la persona que prefiere un trabajo estable, lineal y despreocupado que cierra la puerta detrás de sí todas las noches cuando vuelve a casa.

Las necesidades de cada individuo para prosperar están bastante focalizadas, y si preguntásemos a un grupo de personas qué es importante para ellas, a menudo obtendríamos respuestas concretas y similares.

La estabilidad laboral es lo más importante. Tener un trabajo, incluso si es «para comer», permite la estabilidad a gran parte de la población. La opulencia está en segundo lugar. Una profesión que nos permita tener un estatus económico importante es seductora, pero a veces puede hacernos sentir inseguros cuando está supeditada a la venta o a los mercados financieros. El placer está en tercer lugar. Ejercer una profesión que sea placentera, si aporta estabilidad y permite ganar dinero, es bastante positivo. Ponerla en marcha porque la razón principal es ir a trabajar con alegría y felicidad, pero sin estabilidad económica, pocas veces es la primera opción.

El multipotencialista, ya sea hombre o mujer, lo quiere todo: la estabilidad, el dinero y, sobre todo, el placer. Salvo que sea capaz de pasar del trabajo «para comer» a una profesión pasional, y de un salario mínimo interprofesional a unos ingentes ingresos en poco tiempo.

Puede ser o pasar de ser abogado a escritor, de pintor a deportista y destacar en todas estas actividades. Podríamos pensar que lo hace por reconocimiento, pero no suele ser la razón principal. Sólo quiere vibrar, entusiasmarse con su vida y con lo que hace con ella.

El multipotencialista tiende a aburrirse con extrema rapidez. Por lo tanto, puede pasar de una actividad a otra muy con mucha rapidez si la primera no alimenta su adrenalina. Le gustan muchas cosas, y cuando las hace, las hace a fondo.

No tiene una idea clara de lo que desea hacer con su vida, pero sabe que quiere vivirla de forma emocionante. El multipotencialista tiene dificultades para definirse y realizar una elección precisa. Se interesa por todo, no porque se extienda demasiado, sino porque todo le interesa. Entiende rápidamente que el aprendizaje puede ser una herramienta que le permita abrir la puerta a otra actividad por completo distinta. Que a su vez abrirá la puerta a otro camino. Se alimenta y se cultiva con sus múltiples experiencias que, a su vez, lo enriquecen y le dan acceso a otras experiencias.

La mayoría de las veces, cuando alcanza su objetivo, tiene ya tiene otro proyecto en mente, del cual podría formar parte el primero. La vida del hombre. Cada parte de su existencia constituye el conjunto de su vida. Se le puede comparar con una persona hiperactiva y, sin embargo, sabe calmarse y pensar, organizando las decenas de ideas que pasan por su mente. Cuando se le pide que siente la cabeza, sólo quiere crear un nuevo proyecto.

La personalidad del multipotencialista puede ser desestabilizadora para los demás porque, en general, tiene mucho menos miedo que los demás. No tiene nada que perder porque sigue creyendo con firmeza en lo que se está poniendo en marcha. Confía en su idea, y la energía positiva que usa para llevarla a cabo le aporta obligatoriamente un resultado positivo.

Teme mucho menos a un futuro jefe que a la explicación de su currículum lleno de trabajos diferentes. Sabe lo complicado que es intentar integrar empresas cerradas en marcos restrictivos.

Y, sin embargo, es capaz de adaptarse a muchas funciones y se le puede formar fácilmente. Su anhelo es estar en acción porque sabe que lo que está haciendo amplía la experiencia para su currículum vitae. Su creatividad es constante y se inspira con cualquier cosa. Él puede aprovechar las palabras de una frase, una película, un programa de televisión para emprender un nuevo camino a toda velocidad.

Pero cuidado, estamos en un mundo en el que todos los tipos de personalidad son importantes. En un equipo es muy importante contar con personas especializadas o incluso hiperespecializadas y con otras que aporten su multipotencialidad, lo que permite la apertura del marco y el campo de posibilidades.

Emilie Wapnick, *coach*, escritora y empresaria, ha hablado sobre la multipotencialidad del individuo. A continuación, cito una de sus frases para describir a los multipotencialistas: «Son personas que se interesan por muchas cosas, que son capaces de dedicar mucho tiempo y energía a un área, solo para abandonarla una vez que están en ella y le han dado la vuelta».

Sin embargo, a estas personas se las etiqueta con facilidad como carentes de motivación o inestables. Hay quien piensa que, en efecto, se trata de individuos vagos, algo confusos, sin una idea clara de proyección de futuro y sin pasiones. De hecho, por todas estas razones, la mayoría de los multipotencialistas no se dan la oportunidad de acceder a todos sus múltiples potenciales.

Este funcionamiento obtiene su reconocimiento y admiración al tratarse de grandes creadores como Da Vinci o Newton, pero ¡vamos a ver, no es lo mismo! Ellos tenían un don. ¡Tú no eres más que un inestable o un inmaduro! Porque ser multipotencialista cuando tienes una idea clara de lo que quieres poner en marcha sigue estando bien. Pero decir que te interesan muchas cosas y nada en concreto no te ayudará a encajar en los cánones impuestos por la sociedad.

Seamos claros, nuestra generación y también las venideras pueden no querer ser compartimentadas en funcionamientos predefinidos. Los jóvenes actuales han crecido con Internet y una considerable apertura al mundo. Por lo tanto es normal tener ganas de descubrir varios ámbitos. Ahora bien, nuestro estilo de vida y el aprendizaje nos empujan a encerrarnos en un camino muy concreto engrandeciendo las cualidades de la súper especialización. Pero tiene sentido sentirse atraído por algunos en múltiples áreas. ¡Hay tantos horizontes por explorar!

Durante años, el mundo ha considerado que, para ser creíble, hay que ser un experto y que sólo somos competentes si tenemos una cualificación educativa específica. Por ello, las personas que se interesan por multitud de cosas pasan a ser aficionadas. Para la mayoría de nuestros mayores, irse de una empresa en la que nos ganamos la vida dignamente es una herejía. Escapa a su comprensión que uno no pueda sentirse realizado o incluso aburrido haciendo un trabajo por el que se gana muy bien la vida. Si cambias de trabajo como de camisa, ¡eres inevitablemente inestable!

Sin embargo, en la actualidad, es bastante habitual no estancarte durante toda tu vida en una misma empresa. Cada vez son más las personas que tratan de adquirir más conocimientos sobre sus propias necesidades y nuevas habilidades disfrutando con lo que hacen. Nos dirigimos a un cambio radical, y estaría tentado a decir que formar parte de un mundo en rápida evolución y cambio que requiere una adaptación particular. Evolucionar por ósmosis con lo que nos rodea nos permite mantener el equilibrio mediante nuestra capacidad de cambio.

A veces, incluso dentro de la misma empresa, se pide a los empleados que realicen múltiples tareas porque la estructura no puede permitirse contratar más personal. Se tambalea la cuestión de la elección de una sola profesión en nuestra infancia.

«¿Por qué no puedo desempeñar dos trabajos?»

Del mismo modo que la homeopatía tiene en cuenta los parámetros personales de cada persona en tratamiento, ¿por qué no crear tu propia profesión según tu personalidad? Por supuesto, esto pondría patas arriba las directrices del sistema educativo nacional y los orientadores estarían un poco confusos. Por otro lado, entiendo perfectamente que muchos jóvenes se sientan un poco perdidos, pues desde edades tempranas se los presiona para que elijan su futuro profesional, mientras ellos sólo piensan en hacer deporte, ligar y salir por las noches.

Ya sea viendo la televisión, leyendo revistas o navegando por la web, es evidente la permanente falta de empleo. Por otro lado, la evolución de las necesidades se ha disparado gracias a la permanente campaña de marketing sobre las novedades que uno debe tener para no ser anticuado. La fijación de los medios es que si tenemos que poseer para ser reconocido, necesitamos un trabajo que nos brinde suficiente dinero como para comprar lo necesario. Mientras nos llueven imágenes terribles sobre el destino de los sintecho, de los migrantes, de los empleados durmiendo en sus automóviles o de las familias que no tienen suficiente dinero para calentarse o alimentar a sus hijos, la observación es rápida. Lo principal es tener trabajo. Si no nos gusta, no es para tanto, no vamos a empezar a quejarnos, ¡siempre hay alguien peor que nosotros!

Yo lo llamo fatalidad. Ya no estamos obligados a pensar en lo que es bueno para nosotros, sino en lo que es «normal» en nuestro mundo. ¡Así son las cosas!

Observa a tu alrededor y pregunta a las personas que están contigo si les gusta su trabajo y están contentas de hacerlo todos los días. Ya sabes cuáles van a ser las respuestas, y quizá incluso la tuya propia. Pregúntales también qué hubieran querido hacer en la vida cuando eran jóvenes y te sorprenderás. Existen muchas frustraciones en relación con los trabajos soñados. Porque los padres no quisieron, la incapacidad económica o la inexistencia de estudios, muchas personas han optado por despecho por caminos profesionales que no les convienen.

No es de extrañar que las generaciones más jóvenes no tengan prisa alguna por pertenecer al mundo de los adultos. No es muy alentador ver a todas estas personas desperdiciando la mitad de sus vidas haciendo una actividad que no les gusta. Si al menos junto a su trabajo tuvieran una pasión o una afición, pero no es siempre es así.

No sólo no ha dejado de ser inconcebible el hecho de interesarse por varias áreas de especialización, sino que la seudoseguridad laboral que caracterizó al siglo XX se está desmoronando. Hoy en día, las empresas que garantizan la seguridad en el empleo son escasas. Los empleos públicos, que en apariencia pueden ser más seguros, están, sin embargo, estigmatizados en términos de la cantidad de trabajo que requieren en comparación con un salario determinado.

«¡Hace falta de todo para hacer un mundo!»

Si eres experto o hiperespecialista, el mundo te necesita. Pero si eres un individuo curioso, que redescubre la vida a cada nuevo comienzo, que vibra con cada nueva experiencia y, sobre todo, que disfruta siendo un eterno principiante, también eres bienvenido.

Pero si has optado por no elegir para no cerrarte puertas, respetar tus pasiones, hacer malabarismos con la normalidad y ser súper especialista en el cambio, también tienes tu lugar.

¿Te reconoces en la definición de multipotencialista?

Ahora ya sabes que tu funcionamiento es tu fuerza, y que lejos de relegarte al título de disperso, eres el más estable de los inestables. Reclama tu multipotencialidad y haz de tu entusiasmo el equilibrio de tu vida.

Capítulo V

La multipotencialidad en nuestra sociedad

Leonardo da Vinci fue el mayor multipotencialista de todos los tiempos. Era artista, organizador de exposiciones y fiestas, científico, ingeniero, inventor, anatomista, pintor, escultor, arquitecto, urbanista, botánico, músico, poeta, filósofo y escritor. Y *a priori*, competente en cada una de estas áreas. Nunca ha recibido una formación exhaustiva, y aunque había planeado escribir 120 tratados sobre los temas más diversos, sin redactar ni uno solo, sus cuadernos reflejaban una curiosidad insaciable y apertura a las ideas y las a las técnicas de su época.

Más cerca de nuestro tiempo, existe una multitud de actores o cantantes que empezaron su vida con una actividad del todo distinta.

¡Imagínate que Mick Jagger hubiera podido ser contable! Se educó en Londres y su intención era trabajar en finanzas. Fue el hecho de atreverse a apostar por su pasión por el rhythm and blues lo que lo desvió de sus planes de convertirse en comerciante.

Cindy Crawford, la modelo más famosa de la década de 1990, es ingeniera química en la Universidad Northwestern en el campus de Chicago. ¡Quién lo hubiera dicho!

La bella Nathalie Portman es licenciada en Psicología. Después del bachillerato continuó sus estudios superiores de psicología en la Universidad de Harvard mientras rodaba *La guerra de las galaxias*. Era la ayudante del psicólogo Stephen Kosslyn en su laboratorio de investigación neuropsicológica.

Rowan Atkinson, intérprete del famoso *Mister Bean*, está titulado por prestigiosas universidades en las que se graduó con un máster en Ingeniería eléctrica y el título de ingeniero. Su buen carácter y la capacidad de autocrítica han sido la perdición de la carrera profesional en la que se había embarcado.

Fabrice Luchini, con su fantástico carácter, empezó su vida laboral como aprendiz de peluquero. Le apasiona su trabajo, la literatura y la música soul, y muy pronto descubrió que su vida estaba en el escenario o delante de una cámara. Alain Delon empezó en la vida con una titulación de carnicero antes de que su físico y sus habilidades le permitieran realizar su gran carrera como actor.

¿Quién podría pensar que Anne Roumanoff, antes de convertirse en la estrella de la comedia, se graduó en el prestigioso Institut d'études politiques parisien Sciences-Po, junto a David Pujadas, Jean-François Copé y Frédéric Beigbeder. Periodismo, política, comedia… ¡No nos lo cuentan todo!

Uno de los más impresionantes es Arnold Schwarzenegger, quien ¡*a priori* tiene tantos músculos en los brazos como en el cerebro! Ostenta tres doctorados, todos realizados en dos universidades diferentes. Es doctor en Economía, Administración de empresas y Humanidades. Es comprensible que pudiera cursarlas en paralelo a su carrera de actor, poner sus conocimientos al servicio de su país convirtiéndose en gobernador del estado de California durante varios años.

Un estudio de *Le Parisien* «Noticias 8 de octubre de 2015, 7:00 a.m.» para la feria de la microempresa afirma que al menos el 16 por 100 de la población activa tenía al menos dos empleos. Este nuevo tipo de poliactivos profesionales tiene aún hoy un nombre. Se llaman *Slachers* o *serial-jobers*. Reivindican y asumen su perfil atípico, construyen su propiasu vida en el trabajo y muy a menudo rechazan la jerarquía profesional. Afirman que están decididos a conciliar la vida laboral y familiar, dinero y placer.

Un gran número de empresarios con estudios superiores combinan una profesión de la razón y una profesión de corazón que equilibre sus expectativas y alimente sus deseos. Más del 20 por 100 de estos cazadores furtivos son menores de veinte años, y con la tecnología digital pueden hacer malabarismos entre una actividad profesional en la empresa y el trabajo en la red. Pero los jóvenes no tienen el monopolio. Las reconversiones profesionales después de los cuarenta y los cincuenta años son habituales. Cuando los costes fijos disminuyen, la posibilidad de llevar a cabo un proyecto satisfactorio es la elección de un gran número de personas, aunque financieramente los comienzos sean complicados.

Mi amigo Michel Rebibo, a quien ya he mencionado, pertenece a una familia de dentistas, de padre a hijo. Siempre ha sentido pasión por la música, la escritura y los juegos de palabras.

En su juventud había soñado con montar un *oneman show* escribiendo *sketches*, aunque nunca lo puso en práctica. Su condición social y su entorno no eran propicios para la idea de llegar a ser acróbata, y no le había animado a sacar a la luz su verdadera pasión. Sin embargo, cuando cumplió sesenta años, el deseo que se había estado gestando en él durante varios años se materializó. Llamó a un profesional, que le ayudó a montar su espectáculo unipersonal… y se puso en marcha. Su espectáculo, en el que participan el músico y el malabarista de palabras es todo un éxito y está empezando a despegar de manera considerable. El periódico *Nice Matin* titulaba tras una de sus primeras actuaciones: «Michel Rebibo, el hijo espiritual ¡de Raymond *Devos*!».[2] Tras haber sido una de sus pacientes en la clínica dental y una ferviente espectadora de su programa, puedo decirles que es igual de competente tanto en una actividad como en la otra. Por supuesto, me ha resultado más fácil reírme en el teatro que en la clínica dental; el torno no es mi herramienta favorita.

La última vez que fui a verle actuar, un colega suyo se encontraba entre el público. Al final del espectáculo, cuando Michel llegó saludando a su público, escuchó a este colega decirle: «Es genial lo que haces, tienes suerte de tener tu pasión, me encanta. ¡Sé cantar, pero sólo lo hago en la ducha!».

---

2. Raymond Devos, gran humorista francés (1922-2006).

No es la suerte lo que le ha permitido crear estos espectáculos unipersonales, sino su voluntad de perseguir su pasión y, sobre todo, su valentía para superar las lealtades familiares y su estatus profesional.

Otro de mis amigos también es increíble. Es terapeuta, profesor de zumba y jugador de rugby, y puedo decir que es bueno en cada una de estas profesiones. Es un rayo de sol que utiliza cada una de sus capacidades para florecer y hacer el bien a los demás. Pasa de lo corporal a lo emocional, de la relajación al *coaching* y de la danza a la competencia en poco tiempo.

La multipotencialista más querida en mi corazón es mi sobrina Véronique Cézard (¡sí, mi tocaya!), recientemente fallecida.

Dotada de una inteligencia destacable y un gran corazón, fue capaz de hacer reír a una multitud durante media hora, pues su risa era contagiosa. Comenzó su vida profesional siendo patrón de barco. Hay que decir que sus padres tuvieron un barco durante años, por lo que creció, en parte, en el agua. Entonces decidió hacerse albañil. En la época de su aprendizaje, y, sobre todo, para demostrar que una mujer no debía ser objeto de burla por parte de los hombres en una profesión que antes estaba reservada al género masculino, ¡fue la primera de su clase!

De carácter fuerte, era apreciada no sólo por su fuerza física, sino también por su capacidad perfeccionista. Además de su trabajo, se formó como buceadora para conseguir el certificado de buceo. Algunos años después, porque para ella uno de los placeres de la vida era una buena mesa, se formó como cocinera, y luego pasó de la albañilería a la cocina en un abrir y cerrar de ojos.

Y entonces un día, hace unos años, recibí un correo electrónico de esta sobrina política a la cual no conocía demasiado. La había visto en contadas ocasiones y vivíamos bastante lejos la una de la otra. «Hola, tía, soy Véro, tu sobrina. Trabajo con mis manos desde hace algún tiempo y empiezan a cansarse, sobre todo con la albañilería. Siempre he querido utilizarlas para hacer el bien a la gente, ¿me enseñarás a dar masajes?».

¡Nuestro encuentro fue una revelación! ¡Dupond y Dupont! Una verdadera historia de amor entre estas dos ¡Véronique Cézard! Ella vino una semana para aprender reflexología podal y se quedó la siguiente para formarse en sofrología. Hacía reír a carcajadas a sus compañeras de curso y les inculcó valor y humildad. Se convirtió en una terapeuta excepcional que sabía pasar de lo corporal a lo emocional, y puedo asegurar que recibir un masaje de sus manos era un gozo supremo.

Es la representación perfecta del multipotencialista y de la capacidad de poder ejercer y destacar en varias profesiones y hobbies. Me complace pensar que dondequiera que esté, está deleitando a todo el mundo con sus numerosas virtudes y su risa contagiosa. Véro, te echamos de menos, te echo de menos…

Estoy convencida de que a tu alrededor, o quizás tú mismo, conoces a personas que hacen de su vida una explosión de muchas cosas. ¿Y qué sucede con sus vidas? ¿Son más infelices que los que siguen una vida más tradicional, clásica… lineal?

Y tú, lector, que estás leyendo esto y estás a punto de decirte que posiblemente te hayas perdido muchos placeres porque seguiste un camino marcado, ¿qué te parece?

En esta vida nada es para siempre. Y, sobre todo, no pienses que has desperdiciado tu vida o parte de ella desempeñando un trabajo o actividad que no te conviene. Nada es por casualidad, es que hasta ahora tuviste una prioridad que no podrías romper sin sentirse inseguro. Quizás hoy sea el momento de ganarte el respeto por ti mismo y permitirte el placer.

Capítulo VI

Aceptarte y respetarte en tu pluralidad

La aceptación de uno mismo

Para empezar a aceptarse uno mismo, primero hay que saber en qué ocasiones no lo hacemos y por qué. Tomar conciencia de esta no aceptación, a menudo inconsciente, de nuestra persona, nos permitirá seguir el camino de la superación y nuestro propio reencuentro.

Si no me acepto a mí mismo, ¿quién puede aceptarme?

Aceptarse significa no negarse a ser uno mismo. Pero ¿qué significa ser uno mismo? ¿Sabemos quiénes somos realmente por dentro?

Imagínate a ti mismo, solo, desnudo, en medio de una habitación vacía y sin ventanas. ¿Quién eres, cuál es la esencia de tu ser? Piensa en ello y busca tus deseos más profundos, todo lo que no necesitas mostrar a los demás para existir. No hay nadie más que tú para mirarte. Lo más importante son tus propios ojos. Sólo eres el espejo de ti mismo. Tus ojos exteriores se cierran en favor de tus ojos interiores…

¡Ya lo sé! Es complicado. A menudo oigo: «¡Pero no sé quién soy, todo lo que sé es lo que no soy y me gustaría cambiar». Todos sentimos que tenemos que cambiar para aceptarnos a nosotros mismos cuando en realidad todo lo que tenemos que hacer es aceptarnos y cambiar. Si estoy bien con lo que soy, entonces me respetaré a mi mismo y cambiaré la forma en que me veo.

La primera tarea de este trabajo es comprobar si fuimos aceptados al nacer. Si no fuiste deseado por tus padres, si fuiste un «accidente», si no llegaste con el sexo adecuado, en el momento idóneo, con la persona correcta… puedes arrastrar una herida de no reconocimiento que te haga sentir excluido de tu familia. Si sientes que no eres aceptado y si, además, lo escuchas, cosa que ocurre con frecuencia, puedes quedarte encerrado en la sensación de que eres el «patito feo» al que nadie quiere.

Y el patito feo desde luego no va a abrir sus alas para volar lejos, hacia la libertad. Al contrario, tiende a conformarse para ser lo más perfecto posible. No me paso de la raya, voy por el camino trazado por esta familia para intentar tener su reconocimiento. Y me asfixia tener que seguir por el camino trazado cuando puedo y tengo ganas de salir de el. Desde luego no voy a exponer mis ideas de multipotencialista porque podrían burlarse de mí o, peor aún, ¡rechazarme! Y puedo construirme una vida que no sea más que el resultado de este desafío a la autoestima.

Puedo configurar varias funciones:

- No soy una persona que me merezca estar aquí; entonces nunca encajo. En la familia, en la sociedad, en el trabajo, estoy en segundo plano porque en mi subconsciente, si mis padres no me aceptaron, si no reconocieron que era legítimo[3] dentro de mi familia, ¡quién podría reconocerlo!
- Puedo desarrollar una baja autoestima que me haga sentir mal conmigo mismo, constantemente inútil, poco interesante, antipático, feo…
- Puedes intentar esforzarte por ser la persona más buena y perfecta que conoces para que puedan ver que existo en mi bondad y mi amabilidad. Siempre estoy ahí para los demás. Lo hago sin pensarlo dos veces. Cuando me piden que haga algo, lo hago aunque no me

---

3. Legítimo en el sentido de corresponder a expectativas, principios y no a la legalidad.

apetezca. Si me apetece decir que no, digo que sí… y pierdo el respeto por mí mismo.

Incluso puedo llegar a odiarme por mi falta de posicionamiento frente al otro. Si le digo que no, ya no me querrá, dejará de reconocer que soy una persona bondadosa.

- También puedo ocupar todo el espacio, física o verbalmente. Si soy opulento, me ven. Si hablo mucho y alto, me escuchan. Así que existo, saben que estoy ahí y se me reconoce. Es otra forma de ser reconocido.

Pero ¿me aceptarán? Estoy construyendo mi personalidad sobre la imagen que me han dado de mí mismo o sobre la imagen que quiero que los demás vean. Pero, por dentro, ¿quién soy?

Aceptarte tal y como eres ya es empezar a desentenderte de la responsabilidad de los demás sobre quién eres, no por lo que eres. Sabes que eres una niña, un niño, una mujer, un hombre, bajos, altos, rubios, morenos… porque venimos de la fusión del óvulo de nuestra madre y el esperma de nuestro padre. Pero tienes un papel que desempeñar en lo que quieres ser.

Los padres no pueden crear a sus hijos indefinidamente. Además, los adultos que no pasan la crisis de adolescencia y que siguen pegados a las faldas de sus padres son un claro ejemplo de ello. NO hacen nada sin consultarlo con mamá y papá, que son la máxima autoridad, igual que sucede en una empresa. Si sigo dependiendo de mi condición de niño, me infantilizan. Pueden obligarme a hacer lo que quieran conmigo desde el momento en que reciba algo de afecto de su parte. Lo que un niño quiere ante todo es amor. Lo que desea un adulto, atrapado en una herida de no reconocimiento, es el amor.

Y cada vez que se enfrenta a una representación simbólica de sus padres, podrá volver a la demanda del niño pequeño y someterse a la buena voluntad del otro para llenar el vacío de sus carencias.

Muchas personas se reconocerán así en este funcionamiento y oigo la pregunta que me viene a la mente: «Así soy yo, lo entiendo, pero ¿cómo salgo de esto?».

Antes de entregarte las llaves, tengo una pregunta para ti. Cuando accedes a la buena voluntad de todo el mundo, cuando te esfuerzas por agradar, cuando te olvidas de ti mismo en favor de los demás, cuando haces cosas que no quieres, ¿qué piensan los demás de ti?

Probablemente seas una buena persona, considerada, amable, servicial, desinteresada... Eso es lo que te gustaría oír, ¿verdad? Tal vez sea cierto en parte. Pero ¿qué pasaría si les dijeras que no, si te negaras a hacer lo que sueles hacer y no estás obligado a hacer? ¿Qué dirían de ti si te atrevieras a adoptar la postura de la negativa y les devolvieras a sus propias capacidades? ¿No te atreves ni a pensar en ello? ¿No puedes? Podrían decir que no eres amable, y ¡eso no es posible!

Hay un refrán que dice: «Demasiado bueno, demasiado tonto». ¿De verdad crees que te respetan los que siguen pidiéndote sin cesar que hagas las cosas por ellos? En absoluto. Además, al aceptar, no te respetas a ti mismo, ni a tus deseos, ni a tu elección. Te vuelves a meter en el vientre materno, protegido, ocupando el menor espacio posible.

Eso es no aceptarte a ti mismo. ¿Quién te va a respetar si no te respetas a ti mismo? Si quieres saber quién eres, tienes que concederte el derecho a serlo. Permítete existir desde tu propia sensibilidad y tu propia individualidad, porque no necesitas que nadie te diga que eres una buena persona.

Aquí tienes una buena noticia: si formas parte de la dinámica que acabas de leer, eres el campeón del mundo de «¡levantamiento de pesos pesados!». Se trata de una nueva actividad, en la que, cuando llevar el peso de tu propia vida no es suficiente, te apropias de la historia de los demás. El problema es que, al final, el campeón no recibe la medalla de oro. Más bien tiende a desmoronarse. La segunda buena noticia es que puedes optar por aligerarte para aceptarte a ti mismo.

Es importante saber que nadie puede crear tu vida por ti. Si evolucionas en función del otro, sólo aceptas seguir el camino por el que éste te lleva. Si ya piensas que el otro es responsable de lo que eres o lo que haces, te equivocas. Eres responsable de haber aceptado lo que el otro ha hecho de ti.

Si me dices que son tus padres o cualquier otra persona quien te ha situado en el estado en el que estás, diré que tú aceptaste quedarte allí. Sí, lo sé, ¡sería mucho más fácil hacer que la otra persona se sintiera culpable! Pero cómo puedes avanzar si la culpa es de la otra persona. No puedes cambiar a las personas, pero ¡sí a ti mismo!

La receta: dejar de asumir sufrimientos y decisiones de tus padres. No has sido querido, aceptado, reconocido... ¡y no es culpa tuya! ¿Quién te ha metido en esto? ¿Acaso también deberías pedir disculpas por estar aquí? Estamos en medio de un sueño, o, mejor dicho, de una pesadilla.

No estoy aquí para juzgar a nadie. A lo largo de los años he comprendido que existe un motivo para todo y que cada uno hace lo que puede con lo que tiene. Pero soy especialista en aclarar las cosas y dar crédito a quien lo merece (al césar lo que es del césar).

Para asumir tu propia vida, las elecciones propias, la propia multipotencialidad, es necesario desprenderse de todo lo que no nos concierne. Seguramente te habrás dado cuenta de que querer aligerar los platos sucios de alguien no quita sus utensilios de cocina, sino que aumenta en gran medida los tuyos.

Si has asimilado que tu nacimiento fue una carga para tus padres, no te pongas en su lugar. Tú no lo elegiste, lo has sufrido. Ellos pueden haberlo elegido o no, pero es un hecho. Eres el resultado de una acción que no te pertenece.

Imagina que has invitado a cenar a gente importante. Estás preparando un buen plato y, cuando llega el momento de ponerle la sal, derramas una cantidad considerable, de modo que resulta incomestible. No es el momento, la gente va a llegar, por quién vas a pasar, cómo lo vas a hacer, no tienes nada más en la nevera. ¿Quién tiene la culpa: el plato, el salero, la receta... o tú? En la familia, es exactamente el mismo patrón. Tú no eres ni el plato, ni el salero, ni la receta. ¡Sólo eres tú!

Como ves, es importante replantearte tu vida y tu historia. Tú no eres ni tu padre ni tu madre y, desde luego, no tienes que responsabilizarte de sus actos. Si ellos no te esperaban o no eres lo que ellos esperan no tiene nada que ver contigo, sino con su historia. Pregúntate qué es lo que tu llegada hizo cambiar o empeoró sus vidas en lugar de considerarte como su condena. Tú no eres la causa de su aversión hacia ti, eres la consecuencia de un acto irreflexivo cuya responsabilidad aceptas por ellos. ¿Cuánto tiempo seguirás siendo este patito feo mientras eres un cisne en potencia?

¡Mírate! ¡Mírate! Eres un diamante en bruto que has aceptado ser moldeado contra natura. Pero no está todo perdido. Devuelve a tus padres su historia, sus frustraciones, sus acciones y sus decisiones, que no te pertenecen, y acepta que estás ahí por ti, no por ellos. Nadie pertenece a nadie y tú sólo te perteneces a ti mismo.

Por otra parte, todos somos el espejo del otro y el niño suele ser el de sus padres. Les devuelve la imagen de quiénes son y lo que son. Por lo tanto, no es de extrañar que este niño siga estancado en el reflejo de la historia de sus padres. Puede que incluso cargue con la secuela o con el programa.

Imagina que quieres hacer tus cuentas en un ordenador que no tiene un programa de contabilidad. Sería complicado. Muchos se rendirían, mientras que otros instalarían un nuevo programa. Lo mismo ocurre con el amor y el reconocimiento.

Si tus padres no llevan el programa de amor y reconocimiento que no recibieron de sus padres, puede que no sepan cómo transmitírtelo. Tal vez pienses que no mereces su amor o reconocimiento cuando ninguna de estas dos cosas forman parte de su funcionamiento, ya sea por modestia o por ignorancia. Entonces puedes construirte a ti mismo en una falta de autoestima y una duda permanente de tus capacidades y competencias cuando no es tu responsabilidad, cuando hacerlo no te pertenece.

Si tus padres no tienen el programa de multipotencialidad, ¿cómo van a transmitírtela? Puede que ni tan sólo tengan la idea o la capacidad para inculcártela. No es una cuestión de inteligencia, sino de ignorancia de cómo funcionan las cosas. Todo, como el amor, la falta de inducción de tus capacidades de pluralismo, puede llevarte a construirte en la monopotencialidad de tu futuro.

¿Cómo puedes imaginarte siendo una persona extraordinaria si eres el espejo que refleja la transparencia y la falta de tus padres? No se trata de culpabilizarlos. Tus padres también tuvieron la opción de construir sus propias vidas según sus capacidades. Pero si se mantuvieron fieles a lo que sus propios padres querían o si asumieron la responsabilidad de sus actos, no pudieron evolucionar.

Elige convertirte en un ser individual, libre e independiente. Tú eres la única persona que sabe cuáles son tus verdaderos valores. Empieza a ver tu diamante en bruto y atrévete a darle forma por ti mismo. Disfruta observándote, viendo quién eres y reconociendo tus cualidades. Nadie puede ser tan objetivo como tú. Nadie es perfecto. Deja de estancarte en tus defectos y ensalza tus cualidades. Lo que los demás piensen de ti es subjetivo, ya que ven en ti lo que tú les reflejas de su propia historia.

Quiérete, abrázate y concédete toda la consideración que mereces. En lugar de mirar constantemente lo que no hayas sido o hecho, mira lo que has sido y lo que has hecho.

Porque si no dejas ir tu necesidad de ser perfecto a los ojos de tus padres o de sus sustitutos para recibir amor y reconocimiento, corres el riesgo de estancarte en la decepción. De hecho, si tus padres no tienen el programa, puede que nunca tengan la capacidad de satisfacer tus expectativas.

En cuanto a todas las personas a las que darás todo para recibir, debes saber que su devolución a veces puede llenar tu vacío. Pero puede que nunca tengas suficiente. De hecho, los padres sustitutos nunca suplantarán a los reales.

Te convertirás en aprendiz de la autoaceptación. Para ello, trabajarás para descondicionarte de un funcionamiento negativo para anclarte en otro positivo.

Aceptar ser diferente

La dificultad para aceptarse uno mismo también puede adoptar una forma reductora si no me siento a la altura. De hecho, he observado que algunos niños o adultos, deseados y queridos por sus padres, desarrollan falta de autoestima. ¿Cómo es posible que un niño que ha sido reconocido y querido por sus padres pueda sentirse limitado en su vida adulta cuando se le tiende el espejo opuesto?

La complejidad de la raza humana, el análisis del niño y sus referencias paternas nos enseñan que no existen reglas. También nos muestran que todos los seres necesitan comparación para situarse en un grupo. Soy mejor que…, menos que…, igual que… Y esto me ayuda a desarrollar mi posición en relación con los demás.

Muchas personas son sensibles al espíritu de competición, y lo necesitan para ir más allá de sí mismos, para ir más allá de sus límites. Para estas personas no existe ninguna diferencia que sean sus padres, familiares, el presidente de la república o parados.

Pero hay otros, los que se centran en el éxito de uno de sus referentes, que piensan: «¡Nunca lo conseguiré!». Este padre es apuesto, agradable, culto (o no) y elogiado por todos. ¿Cómo podré estar a su altura? ¿Para hacerlo al menos tan bien como él? No puedo defraudarlo, si él puede, ¡por qué no yo!

Ya sea físicamente, en la vida profesional, en la vida familiar o en sociedad, si mis progenitores, o alguno de ellos, ocupan un lugar considerable o gozan de reconocimiento, ¿dónde encajo yo?

Recuerdo a muchas personas que ponían a uno de sus familiares en un pedestal tan elevado que parecía totalmente imposible que alguna vez pudieran estar a la altura.

¿Cómo demostrarle a mi padre que puedo ser tan bueno como él pero siendo diferente? Si mi padre es médico y rico, y quiero ser músico, pintor, profesor y masajista, ¿qué pasará? Nunca estaré a su altura. Hasta puedo permitirme desarrollar mi multipotencialidad, pero no tengo derecho a triunfar porque tengo la imagen de un padre que ha triunfado siendo monopotencialista.

Esa chica joven, bulímica y enferma, cuya madre era modelo, estaba en una guerra constante contra los kilos. «Nunca seré tan guapa como ella», me decía retorciéndose horriblemente sobre su asiento ante la idea de que no la miraran de la misma manera que a su progenitora.

O el señor que me explicó que había estado frustrado toda su vida por no haber estudiado para tener una profesión reconocida. Cuando le pregunté si la razón fue la negativa de sus padres a dejarle estudiar o si era por voluntad propia, respondió: «No importaba lo que hubiera hecho; nunca habría podido estar a la altura de mi padre, así que ¿para qué molestarme? Imagínate que empiezo los mismos estudios que él y suspendo, ¡qué vergüenza! Así que decidí no hacerlo».

Sólo hay que ver a la gente pública. Los hijos de los famosos suelen tener grandes dificultades para saber quiénes son realmente y aceptarse a sí mismos desde su individualidad. No es fácil ser hijo o hija de…

Hay quienes adoptan otro nombre para poder ser reconocidos por su talento y no por su ascendencia. El cantante «M», Mathieu Chédid, hijo de Louis Chédid, conocido y famoso cantante, es un buen ejemplo de ello.

Si, además, los padres, creyendo que hacían lo correcto, integran a sus hijos en su mundo, pensando que los están ayudando, se equivocan. No hay nada más complicado de vivir que sentirse ilegítimo en una situación. La autoaceptación queda devastada, y la persona, fiel a lo que piensa de sí misma, puede incluso llegar a caer en una espiral de autodestrucción.

Puedo entender que uno necesite o quiera estar al mismo nivel que sus padres. Pero es fundamental, en primer lugar, reflexionar sobre su situación y analizar qué parte de su «éxito» es la que te asombra y te parece inalcanzable. A continuación, hay que reflexionar sobre el funcionamiento de este progenitor sin omitir mencionar, después de los puntos positivos, el impacto negativo que esto podría tener en su vida.

Los éxitos visibles pueden ser sociales, económicos, familiares o profesionales. Pero la luz sin sombra no existe y es extraño que el éxito no tenga su contraparte oscura. El ojo se apega más fácilmente a lo que brilla que a lo transparente. Es habitual que tras una fachada de éxito excepcional, se encuentre un corazón infeliz…

Recuerda que eres un ser independiente, individual y libre. No tienes que demostrar nada a nadie. Si sientes que tu única forma de existir es estar al mismo nivel que tus referentes, entonces súbete al pedestal y mira la vida desde arriba. Puede que no se corresponda con la imagen idílica que tienes de ella. Y luego, atrévete a preguntarles a tus padres si son felices. Su respuesta puede hacerte ver sus vidas de otra manera y bajarlas a la tierra, a tu misma altura. Son numerosos los padres que nunca les contaron a sus hijos sus frustraciones por no haber seguido su propia elección. O incluso su sueño de una vida diferente, haciendo cosas distintas, abriendo su potencial, ya que se sentían limitados por una visión cerrada y limitante de su futuro.

Por otro lado, en ocasiones hay padres que, en virtud de su éxito o su fracaso, se imponen como guías obligados en la trayectoria vital de sus hijos, pudiendo así bloquearlos en su evolución y, sobre todo, en sus elecciones más profundas. Un padre que no respeta las decisiones de su hijo lo subyuga. La sumisión es un desequilibrio y una prisión, y nadie tiene derecho a afirmar su poder sobre el otro. No hay un hombre poderoso y los demás no. Sólo hay quienes van más allá de sus heridas y los que se maceran en ellas.

Y qué pasa si te atreves a hablar de tus elecciones más profundas.

Pero antes, hagamos un resumen: la autoaceptación en 10 puntos.

1. ¡Merezco ser feliz! Que mis padres no lo hayan sido no es motivo suficiente para que yo no me permita serlo.

2. No solamente soy mis defectos, ¡también soy mis virtudes! No me centro en lo que no soy, sino, sobre todo, en quién soy.

3. Me niego a sentirme juzgado en todo momento y a temer ¡juzgar todo el tiempo! Entiendo que juzgar es subjetivo y que corresponde al espejo de la historia de cada individuo.

4. ¡Me atrevo a posicionarme frente al otro! Yo existo, soy respetable como persona y mi opinión es válida.

5. Me respeto a mí mismo en mis elecciones ¡negándome a acceder a la buena voluntad de todos! Aprendo a decir NO.

6. Yo no fracaso, ¡experimento! No hay fracaso, sólo experiencias que me ayudan a crecer.

7. Soy un adulto como cualquier otro. No soy un ser inferior y me niego a ser infantilizado.

8. ¡Dejo de esperar al otro para priorizar en mi propia consideración! Me escucho y confío en mi capacidad de pensamiento.

9. Dejo de pensar en el pasado y me centro en el presente. El ayer forma parte de mi historia pero no puede evolucionar. Hoy es el comienzo de mi nueva vida.

10. Y, finalmente, decido amarme a mí mismo, ser benevolente conmigo y reconocer que soy una bella persona. Porque nunca estás mejor servido que por ti mismo y nadie puede ser tan objetivo como yo.

Empezar a aceptarte tal y como eres te permitirá abrir la puerta a tus verdaderos valores. Escucharte a ti mismo es la base de la autoestima.

Respetar tus propias decisiones

Según la definición del diccionario francés *Larousse*, *elegir* es el acto de realizar comparaciones entre varias cosas, ejercer el juicio, usar el gusto, etc., para tomar, adoptar algo con preferencia a otra cosa: *elegir* un libro, un trabajo. Seleccionar a alguien para ocupar: *elige* a tu diputado, a un abogado, etc.

La misma obra nos define la acción de respetar en lo que corresponde a nuestra propia persona como observar lo que tiene valor de regla y cumplirla o teniendo consideración por sus opiniones. Esto significa que si respeto mis propias decisiones, es que decido cumplir y tener consideración, porque es una regla para mí. Es decir, cuando he comparado varias cosas y he adoptado la selección de mi preferencia.

Más sencillo: he seleccionado, he comparado, he preferido, he juzgado, he adoptado... y lo estoy cumpliendo. Esta forma de ver las cosas parece fácil de conseguir e incluso lógica; sin embargo, no es innata. Resulta que antes de analizar las famosas lealtades familiares,[4] muchos niños vienen al mundo impregnados de los deseos, fantasías, miedos y frustraciones de sus padres.

«¡Serás grande y fuerte! ¡Como tu papá! ¡Serás una niña preciosa con vestidos de encaje y zapatos de charol! ¡Tú serás abogado, hijo mío, y lo harás mejor que tu padre! ¡Serás enfermera, como mamá!».

El primero resulta ser bajito, delgado y prefiere la pintura al boxeo. La segunda es fan del estilo punk y los zapatos de clavos. Al tercero le gustaría ser fontanero y la última se desmaya en cuanto ve una jeringuilla.

---

4. La lealtad familiar se entiende aquí como la dedicación a una persona o personas de la familia y la obediencia a sus normas.

Y, sin embargo, los cuatro entendieron que si querían ser reconocidos y queridos por sus padres, era importante ajustarse a la imagen que deseaban de ellos.

Enseguida se le plantea un dilema al niño sin que tan siquiera sea consciente de ello. Tiene que elegir entre lo que sus padres quieren de él, pero sobre todo por ellos, a cambio de un seudorreconocimiento. Y empezar a rebelarse contra lo que se le impone gradualmente si no le conviene.

Hoy sabemos que la prioridad de cada niño es la misma para construir el equilibrio de su propia persona. Recibir el cariño y el aprecio de sus padres. Estas dos pruebas de su capacidad de amistad y confianza en su persona y sus aptitudes son los primeros cimientos de la construcción de su vida futura.

Existen diferentes sistemas familiares y educativos. En aquellos donde los niños son escuchados y atendidos se fomentará desde el principio en su capacidad a concederse el derecho a tener ideas diferentes y desarrollar su multipotencialidad. Los padres apoyarán a sus hijos en su deseo de practicar deportes, actividades artísticas o su futuro profesional sin juicios de valor. La experiencia será clave, y si el niño quiere hacer ballet o la niña quiere practicar boxeo, no habrá prohibiciones. Esto no significa que el progenitor se desvincule de lo que hace su hijo. El padre o la madre sólo le ofrecen la posibilidad de probar, comparar, seleccionar y juzgar, sin influir en ellos. Respetan su elección y el hecho de que tiene derecho a equivocarse.

Con los niños pequeños se da la misma problemática que con los adolescentes, a los que se les pide que elijan a partir de la enseñanza media qué estudios quieren hacer más adelante. Entiendo que a nivel de la educación nacional es esencial proporcionar el marco y luego encuadrarlo.

Pero ¿cómo sé si me gusta el sabor de un alimento si no lo he probado? Me explicarán que es dulce, suave con un ligero toque picante y algo afrutado, y mi idea será sólo la representación que el otro habrá hecho de ella. Sus propias impresiones no son las mías.

Si le digo a mi hija que tiene que hacer ballet clásico porque mamá lo hizo y es su pasión, o que estaba frustrada de no haberlo podido hacer nunca, el resultado será el mismo. Ella puede decidir hacerlo para complacerla, conscientemente o no, y así recibir una recompensa por su acción.

Pero, por otro lado, ¿quién puede decir si le gustará? Puede que le encante como a su madre, porque es una actividad que le interesa y que le llena. Pero también puede odiar bailar y decidir en función de su libertad, sus diferentes potenciales y el respeto que le doy, ya sea quedarse allí contra su voluntad, o dejarlo para probar otra cosa.

«Sí, pero ya he pagado el año entero –me dicen sus padres–, así que... ¡terminará el año! ¡Cuando uno se compromete con algo, debe cumplirlo!».

No hay reglas. ¿Quién está implicado? ¿El niño, los padres? ¿Cuál es la prioridad, el dinero o la experiencia? Si ya he pagado el año y yo, como adulto, no puedo recuperar mi dinero, no es justo que mi hijo, que está comprometido por mi dinero, no pueda recuperar su libertad. Puedo proyectar mi prohibición en la suya.

Ya te oigo gritando: «Pues, entonces, todo ¡sería muy fácil! Ya no me gusta mi trabajo, ¡me voy! Mi relación ya no me conviene, ¡me voy! Esta tarea no me encaja; además, me retiro, ¡aunque meta en problemas a los demás! ¡No se puede educar a los niños así! ¡Eso no se hace!».

¡Eso sí que es una creencia! Si todos los que ya no se sienten realizados en su trabajo, en sus relaciones o en sus tareas se atrevieran a cambiar, serían más felices. Sólo tienen a su alrededor tantas barreras de protección, lealtades y creencias que siempre encontrarán una buena excusa para quedarse en su incómoda zona de confort.

El comienzo de la multipotencialidad es liberarte de las ataduras del pasado y avanzar hacia la libertad y el placer. Es librarte de las creencias limitantes, familiares, culturales y educativas para construirte desde tu propia creación. ¿Qué es lo bueno para mí y que me permite florecer?

Los padres que son autoritarios con sus hijos no lo son para su descendencia, sino para sí mismos. O bien con ellos funcionaron así y repiten este patrón, o bien habían sido tan flexibles, o incluso desinteresados con ellos, que lo arreglan con otro patrón nuevo. Si mi hijo o mi hija no encaja en mi visión de la educación y del «buen padre», ¿qué dirán los demás? ¿Que soy un mal padre? ¿Una mala madre? Necesito demostrar que soy yo quien manda y lleva las riendas para ser reconocido en mi función parental.

Querer que tu hijo tenga un buen trabajo, una gran carrera, una boda de ensueño, una casa maravillosa y unos peces de colores preciosos es un buen sentimiento. Siempre que sea imparcial. ¿Quién nos diría que nuestro hijo será más feliz dando la vuelta al mundo con una mochila, solo, ganando su dinero con pequeños trabajillos... y comiendo peces de colores cuando tenga hambre?

Por supuesto, para los padres siempre es mejor contar que su hijo es médico, abogado o ingeniero que aventurero. Los demás creerán que probablemente no lo educaste bien si no tiene una buena situación. «¡Deberías haberle dado estudios a este niño! ¡Hoy en día no se consigue nada sin estudios!».

Recuerdo la reacción de los que me rodeaban cuando decidimos de mutuo acuerdo que nuestra hija se emancipara. Se había adelantado un año, no tenía ni diecisiete y pasaba el último curso con su novio a pocos kilómetros de casa. Como sabíamos que al año siguiente nos dejaría para ir a estudiar mucho más lejos, pensamos que sería una buena idea que empezara a tener cierta independencia para que no se encontrara sola de la noche a la mañana a cientos de kilómetros de distancia.

Tuve que soportar comentarios de todo tipo: «¿Dejas que tu hija se vaya a los dieciséis años? (mala madre). Uy no, ¡tu hija hará cualquier cosa! (eres una inconsciente, mi pobrecita). Yo nunca haría eso, ella seguramente no está preparada (no lo has pensado bien)».

Fue su tutora quien, durante una reunión de padres y profesores, me hizo reír. Ella sabía que mi hija vivía en una dirección diferente a la nuestra y nos vio a los dos en la reunión. Parecía incómoda, y nos dijo: «Gracias a los dos por venir, sé que no es fácil cuando hay conflictos en la familia».

Y entonces mi hija se echó a reír y le dijo: «No, te equivocas, no hay ningún conflicto en mi familia, me llevo muy bien con mis padres. Mi independencia es una elección compartida y les agradezco que lo hayan aceptado».

No culpé a nadie por juzgarme así. Entendí que todos se pusieran en mi lugar o en el de mi hija. Pero no teníamos la misma historia. Lo que es bueno para ti puede no serlo para otra persona, y viceversa. Por eso es tan complicado ser un buen consejero. Empujar a alguien a tomar una decisión es empujarle a hacer tu elección. Pero el otro no eres tú y tú no eres él.

Animar a un niño a practicar fútbol, danza o artes marciales bien puede tener una implicación para su vida futura. Pero el paso a la adolescencia, su procesión de cambios y su obligación de elegir una orientación profesional es una prueba aún más desalentadora.

La mayoría de los padres, acostumbrados desde el nacimiento de sus hijos a que éstos sigan las normas de conducta que han establecido, empiezan a batallar. ¡Frente a frente, es la rebelión!

Esta transición de la infancia a la edad adulta se convertirá para el adolescente en una misión de individualización. Su trabajo consiste en desprenderse del funcionamiento paterno para avanzar hacia el suyo propio. Pero, ¿sabe realmente adónde debe ir? Para construir su camino, debe establecer nuevas reglas, nuevas creencias y nuevos valores. Como dicen los psicoanalistas, el niño debe «matar» simbólicamente a sus padres para existir.

Es un período de fricción en el que cada uno se codea con las nuevas reglas impuestas, aceptadas o no. Algunos adolescentes empiezan a desarrollar su multipotencialidad. Realizan varias actividades, prueban, evalúan, aceptan, rechazan. Con coherencia a como han vivido su adolescencia, los padres estarán de acuerdo o en desacuerdo.

En cualquier caso, y con independencia de la dirección que tome el joven, no es fácil romper con la lealtad de los padres. Uno podría pensar que cuanta más libertad den los padres a sus hijos, más tomarán sus decisiones personales. Bueno, no siempre es así. Al analizar la mayoría de las direcciones profesionales que la gente ha tomado en su vida, está claro que suelen estar vinculados a la historia de sus padres o sus antepasados.

Como se advierte, tanto si te encuentras al inicio de tu vida adulta como si ya has pasado por alguna etapa, ¡todo es posible!

La reflexión que ya has puesto en marcha en relación con las páginas anteriores demuestra que nada es constante. Nunca es demasiado tarde para el cambio. Sobre todo si es hacia la plenitud de ti mismo.

Ya sabes que a partir de ahora puedes servirte de tu multipotencialidad para avanzar y abrirte a todas las facetas de tu vida. Y si, a pesar de todo, sigues teniendo dificultades con el cambio, es que una emoción conocida coloniza tu persona y genera bloqueos: el miedo.

¿Es imprescindible comprenderlo para poder desprenderse de él?

Capítulo VII

Superar el miedo para desarrollar tu potencial

El miedo es la emoción que aparece ante un peligro o una amenaza y que incitará a la persona a huir o a hacerle frente.

Lo que nos interesa en nuestro trabajo de multipotencialidad se centra más bien en lo relacionado con lo desconocido. De hecho, aparece en muchas personas de manera problemática porque no existe un peligro real que lo provoque. Este miedo es ancestral y animal.

Los animales acostumbran a orinar para marcar su territorio como una forma de establecer los límites de su área, tanto para sí mimos como para los demás. Se encuentran seguros dentro de su espacio porque conocen los límites y advierten a los demás de esos límites para que no los sobrepasen. Todo lo que está fuera de su espacio puede representar un peligro.

En los seres humanos, vendría a ser la «zona de confort». Este término se refiere a un estado en el que una persona se siente cómoda y segura. Esta zona puede gestionarse y controlarse, por lo que el nivel de estrés que genera es muy bajo. Esta delimitación física y virtual corresponde a mi nido, la extensión segura de mi hogar, donde puedo moverme con libertad sin miedo a la agresión y al cambio.

Desde el momento de nuestra concepción y durante el desarrollo del feto, evolucionamos en un caparazón: el útero de la madre. Al nacer, ya se da por sentado que un bebé estará más tranquilo si siente los límites de la cuna o la cama sobre la que lo ponemos a dormir. Así será durante toda nuestra vida. Todo tiene un entorno, el hogar, la escuela, el campo de deportes… Y si los límites no están delimitados físicamente, hay supervisores que sirven como límites virtuales: padres, profesores, animadores…

Los límites son importantes para no perderse y extenderse. Pero a menudo, el fuera de límites se transmite mediante una imagen de peligro. Pocos padres se atreven a decirle a su hijo: «Sal de casa y camina solo por la calle, verás que no estás solo».

Por supuesto, hay una lógica detrás de todo, la protección. Desde la Edad de Piedra, el hombre y el animal saben que hay depredadores ahí fuera que van tras su territorio, sus hijos, su persona y sus bienes. Por lo tanto, es necesario prevenir para evitar lo peor. «No se habla con un desconocido aunque te ofrezca dulces y tú los rechaces, no le sigas….». Son frases preventivas e indispensables que todo padre le dice a su hijo y que tienen significado en nuestra vida presente. Pero anclan en cada uno de nosotros un condicionamiento causa-efecto: desconocido = peligro.

Lo desconocido es, por definición, aquello cuya identidad o naturaleza ignoramos y que aún no hemos experimentado. También se podría decir que, como desde niño me han enseñado a desconfiar de ello, no voy a arriesgarme. Así que me quedo dentro de mi área de seguridad, donde estoy protegido, mi zona de confort. Si me alejo de ella, ¿qué me pasará? Me temo que algo terrible.

Si tuviera padres que me dieran la libertad de experimentar con los límites de mi territorio, quizás habría puesto a prueba mi capacidad para superarlos. Enfrentarse a lo desconocido y tener la responsabilidad de afrontarlo solo me permitirá desarrollar la confianza en mí mismo. Si sé que soy capaz de superar límites y afrontar las consecuencias sin dramas, aumentará mi fuerza y motivación para enfrentarme a lo desconocido, sin miedo a represalias.

Si, por el contrario, he crecido dentro de un capullo sobreprotector y seguro, mi confianza en mí mismo puede verse limitada. Si mis padres temen por mí y me mantienen entre algodones impidiéndome satisfacer mi curiosidad de descubrimiento del mundo, lo desconocido seguirá siendo precisamente lo prohibido, hacia lo que no se debe ir bajo pena de pagar las consecuencias. Pero ¿cuáles pueden ser estas famosas consecuencias si no los miedos virtuales e hipotéticos a un peligro que sólo existe en probabilidades y conjeturas posibles? Si cada vez que quiero escalar una pared, si quiero hacer ciclismo, tender la mano a los demás, salir sin gorra o probar un nuevo deporte, me encuentro con una prohibición o un padre guardaespaldas, sólo podré dudar de mi capacidad para evolucionar ante la novedad y el cambio.

Por tanto, no todos estamos educados de la misma manera para enfrentarnos a lo desconocido. Algunos tendrán una gran capacidad para salir de su zona de confort y hacer retroceder sus fronteras. Otros, en cambio, podrían estancarse en una zona de confort, incómodos, sin atreverse a empujar la puerta que podría permitirles avanzar hacia la libertad.

Además, el ser humano tiende al pesimismo por naturaleza, todos somos capaces de imaginar el peor de los escenarios en un momento dado de cambio de límites. Es como si sólo pudiera ir todo mal. Aunque en el fondo sé que no existe ningún peligro potencial, soy capaz de extrapolar hasta el punto de inventar uno. Puedo estar tranquilo de que no me esté enfrentando a lo desconocido haciéndome sentir inseguro.

Recuerdo a una señora que experimentaba infelicidad en su vida, su matrimonio y su trabajo, cuyos hijos le pidieron que hiciera terapia. Tenía tanto miedo de lo que pudiera pasar que le dijo a su hija muy sensible: «Estoy dispuesta a ir a terapia, pero puede que mi vida cambie tanto que quizá tenga ¡que abandonar a papá!». Por supuesto, su hija, disgustada, respondió: «Oh no, si vas a dejar a papá, entonces no hagas nada!». Tal vez su relación se habría reanudado y su vida se habría convertido en un regalo. Pero ella prefirió tranquilizarse en su malestar y permanecer en su zona de consuelo reclamando una situación en la que pudiera hacer sufrir a sus hijos.

El deseo de saber es una necesidad humana existencial. Muy a menudo el conocimiento suele asociarse al poder y, por tanto, la ignorancia estaría próxima a la debilidad. Si no sé lo que voy a experimentar, no puedo predecir el ataque y preparar mis herramientas, así que no voy.

Por eso mucha gente espera que llegue el cambio. Pero ignora que no puede suceder a menos que se haga algo para que ocurra. Evolucionar implica poner en marcha un nuevo funcionamiento.

Soy el primer actor de mi revolución interior. Nadie puede hacerlo por mí y no puede pasarme nada si no doy el primer paso. La frase «Sabemos lo que tenemos, ¡no sabemos lo que tendremos!» lo resume todo. Pero ¿por qué tener miedo de algo que no conoces?

Pues bien, porque no tenemos la capacidad de determinar la causa de nuestros miedos. Queremos controlarlo todo, entenderlo todo, y sabemos que en esta situación estamos ante una pérdida de control del futuro. La falta de visión de lo que realmente va a suceder genera, por tanto, miedo y estancamiento. Así, puede impedirnos vivir una vida con la que habríamos soñado tener y desarrollar potenciales cuyo funcionamiento desconocemos. ¿Y qué ocurre si sale mal? ¿Y si, por el contrario, sale bien? ¿No decimos también que hay varias vidas en una? Así que atrevámonos… y averigüemos…

Cómo tomar este camino sin señalizar y seguirlo hasta el final

Ya debemos determinar cuál es el final del camino y saber si es ahí donde queremos llegar. Entonces, si la meta corresponde a la que nos hemos propuesto, poner a prueba nuestra determinación de tomar este camino y todas las piedras que nos pueden desestabilizar.

La primera pregunta que debe plantearse toda persona que quiera es: «¿Qué quiero yo? No lo que la otra persona o lo que otros quieren para mí. Lo importante es mi objetivo. ¿Es suficientemente excitante como para que me adentre en una incógnita no tranquilizadora? ¿Me emociona lo bastante como para superar todas las piedras del camino sin lamentarme?».

Lo desconocido resultará conocido si le ponemos nuestros propios límites. Si conozco la dirección, no importa el camino, lo principal es que llegue al lugar al que debo llegar.

Primera decisión: ¿cuál es mi objetivo?

Sólo yo sé lo que me conviene. No puedo cambiar al otro, pero sé que si yo cambio, el otro puede evolucionar.

Y sé por encima de todo que soy la única persona que puede crear mi propia vida y hacer evolucionar mi historia. Soy consciente de que se puede elegir una profesión y se puede volver a elegir… a cualquier edad y el número de veces necesarios para equilibrarme a mí y a mi bienestar. No hay precepto ni obligación, sólo el deseo y la voluntad.

Imagina que tengo una varita mágica con el poder de hacerte estar en una situación futura y posible en la que sentirse muy bien. Cierra los ojos e imagínate experimentando este cambio, esta nueva persona en la que te has convertido. ¿Cómo te sientes? ¿Bien, feliz, emocionado ante la idea de vivir realmente esta nueva situación? Si es así, has encontrado la dirección, el objetivo, la motivación que te hace vibrar. ¡Tienes que seguir haciéndolo! Esto es lo que te permite adentrarte en lo desconocido y superar todas las fases, incluso las más difíciles.

Imagina a una persona que quiere perder peso. Se desprecia a sí misma cuando se mira al espejo, pero se imagina con diez kilos menos y decide empezar a hacer ejercicio y a controlar su alimentación. Si desde el principio de su camino hacia el cambio se olvida del objetivo y se centra en la frustración por la comida y las dificultades a las que se enfrenta para hacer deporte, correrá el riesgo de rendirse rápidamente. De hecho, los efectos negativos y desestabilizadores de las piedras en el camino se incrustarán en su cerebro. Ya no verá lo que busca, sino sólo lo que tiene que experimentar que es desagradable y no la hace vibrar en absoluto. El sufrimiento no es excitante y no representa en sí mismo ninguna satisfacción personal. Entonces, qué sentido tiene seguir…

Si la misma persona sigue centrada en el objetivo porque le permitirá cambiar de vida, si la emoción de imaginarse con diez kilos menos y el cuerpo tonificado por el deporte la llevan hasta el punto de que no puede imaginárselo de otra manera, entonces no se rendirá. Será capaz de seguir un camino repleto de rocas y agujeros profundos y superar cada obstáculo con determinación, ya que sus ganas de lograrlo la empujarán a llegar hasta el final.

Tomar la decisión de querer cambiar ya es una prueba de que has vencido tu miedo. Tener el valor de seguir tu camino para comprometerte a llegar a cumplir tu desenlace es una victoria sobre lo desconocido. Nunca pierdas de vista el final del camino y lo que cambiará en ti reforzará tu motivación. Y si te invade la duda, recuerda que la decisión de cambiar es una decisión, y la puesta en práctica del objetivo es la prueba de que tu deseo es más fuerte que tu miedo.

Segunda decisión: soltar

Muchos piensan que soltar significa darse por vencido. Por eso es aterrador y parece imposible de alcanzar. Los seres humanos no pueden estar en el vacío. Desapegarse de un funcionamiento sólo puede experimentarse correctamente si se pone otro en su lugar. Por lo tanto, soltar no sólo es desprenderse de un funcionamiento, ya que nos llevaría a lo desconocido y, por tanto, al miedo. De ahí la incapacidad de la mayoría de las personas para mantener el control. Si dejo lo que domino y conozco, ¿adónde iré?

De hecho, la mayoría de las veces dejar ir es cuestión de pasar a la acción. Por otra parte, probablemente dicha acción será lo contrario al objetivo que deseas alcanzar. Pondré un ejemplo: un padre viene a verme porque está desesperado. Su hija, que es muy buena estudiante, quiere ir a una escuela literaria, cuando a él le gustaría que fuera científica, porque tiene el nivel y la capacidad para ello. Además, esta rama le abriría más puertas. Las discusiones entre ellos terminan en conflicto, porque cada uno se aferra a su postura. Le pido que lo deje ir, sugiriéndole que le diga a su hija que al fin y al cabo, él respeta sus decisiones, que no se avergüenza de que siga el camino que ella quiere. También puede añadir que cuando él tenía su edad, una misión de éxito le había hecho seguir un rumbo particular, pero que él no es su hija y su hija no es él. Así que ella no tiene por qué cargar con su historia.

Me llamó, impresionado, diciendo que su hija no se podía creer lo que acababa de oír cuando le dio su consentimiento para que decidiera lo que quisiera. Ella lo abrazó. Pero lo mejor de todo es que dos días más tarde vino a verle y le dijo que prefería la rama científica porque tenía más salidas profesionales.

Como puedes advertir, soltar significa, en primer lugar, cambiar nuestra forma de ver, interpretar y funcionar. Cuando sigues un camino y te topas con un muro, cuando quieres seguir por el mismo camino, tienes varias opciones. Intentar echar el muro abajo, golpeándolo hasta lastimarte y renunciar. O buscar otro camino que te permita sortear el muro y retomarlo un poco más lejos. Porque siempre hay varios caminos posibles para llegar a la misma dirección. El camino más corto no es necesariamente el mejor. Debes permitirte salir del camino marcado para evitar obstáculos. Por otro lado, es necesario mantener siempre el rumbo. Dejar un camino agreste para tomar otro no hará que nos perdamos en el bosque si mantenemos nuestra brújula y nuestro objetivo.

Aquello que se mantiene en el tiempo, en un estado o de forma permanente, como nuestro rumbo, se denomina estable. En cambio, un estado cambiante y variable se dice que es inestable. ¿Somos entonces inestables cuando tomamos varias direcciones y las seguimos hasta el final?

Capítulo VIII

La inestabilidad del desarraigo

El término «inestable» hace referencia a una persona que está desequilibrada emocional o psicológicamente, o que cambia con frecuencia. Nosotros nos centraremos en este último funcionamiento, el del cambio constante.

El prefijo «in-», junto a la palabra «estable», puede representar una carencia. ¿Es posible que indique falta de estabilidad? Una antítesis a las exigencias de nuestra sociedad sedentaria, que favorece sobre todo el sedentarismo y estigmatiza el vagabundeo y el nomadismo. Algunos hablan incluso de neurosis, como si la persona supuestamente inestable padeciera una disfunción psicológica.

Pero esta visión es quizás más restrictiva desde el punto de vista del espectador que desde el de la persona llamada inestable. Para ella, la dimensión negativa de juzgar su funcionamiento puede convertirse en un malentendido en vista del placer que le proporciona. El cambio, la novedad, las nuevas experiencias y la multipotencialidad pueden corresponder a un tipo de persona inquisitiva que busca una y otra vez la novedad. Por supuesto, no es casualidad que esto suceda. La historia de la persona es posible que tenga algo que ver. El hecho de estar en constante cambio también nos impide asentarnos en una situación u organización estándar. ¿Qué puede pasar si no sucede nada? ¿La libertad que proporciona el movimiento esconde miedo al compromiso?

La multipotencialidad no sólo es aplicable a la vida profesional. Puede extenderse a una organización compleja del individuo, que puede apropiársela por diversos motivos y funciones.

Veamos las principales organizaciones desestabilizadoras.

A veces, algunas personas no pueden dejar de moverse, se trasladan de domicilio en muchas ocasiones sin sentirse mal donde están, incluso se van a vivir al extranjero, impulsados por la búsqueda permanente de cambio y sin una explicación racional.

La psicogenealogía explica que estos funcionamientos son a veces el resultado de un desarraigo familiar que puede haber tenido lugar en los ascendientes de estas personas, que son calificadas de «inestables» por quienes les rodean.

En efecto, las personas que se vieron obligadas a abandonar su país a causa de la guerra, el hambre, la religión u otras razones pensaron que perdían «su paraíso», sus raíces. Pues bien, este sentimiento puede haber generado en algunos de sus descendientes, o bien una necesidad irrefrenable de ir en busca del paraíso perdido, sin regresar nunca, por supuesto, al lugar de donde procedían los antepasados, porque podrían darse cuenta de que el paraíso no existe, o bien de no «apegarse» nunca a un lugar concreto por miedo a perderlo. Cuando sienten que se están apegando, encuentran mil excusas para marcharse y seguir su camino…

Todo ello, por supuesto, como reparación inconsciente por las experiencias de sus antepasados.

Hablamos aquí de una multipotencialidad del territorio con personas que tienen la capacidad de cambiar de lugar con frecuencia y a menudo encuentran mucho placer en ello. La riqueza de descubrir lugares o personas aporta un conocimiento considerable del mundo.

Inestabilidad emocional

Cambiar de pareja con frecuencia, sobre todo cuando uno empieza a encariñarse o a tener sentimientos, también puede tener una explicación. Nacer en el seno de una familia en la que las parejas y los matrimonios son un desastre y el amor es dolor puede generar miedo al apego. Si me enamoro o me hacen una proposición, seguro que acaba mal. Así que rompo antes de que esto suceda. Una inestabilidad sentimental también puede tener una explicación racional sin implicar un desequilibrio.

Pueden existir muchas otras razones para este desequilibrio. Puedo ir en busca de parejas que no estén libres todo el tiempo. Creyéndome libre y disponible, puedo haber vivido una separación traumática de la que aún no he salido. El duelo de una relación amorosa o simbiótica no es fácil.

El soltero sigue viviendo con dos en su corazón. Piensan que son libres y, en realidad, no lo son. Por eso buscan a alguien que no esté totalmente disponible, por supuesto de manera inconsciente. Las relaciones están condenadas al fracaso y se suceden.

Cuidado con las mujeres divorciadas. Conservar el anillo de boda o el apellido conyugal las convertirá en mujeres todavía casadas simbólicamente. ¡Así que no son libres! ¡Piensa en ello!

La necesidad de agradar o de tranquilizarse puede generar inestabilidad emocional. Si no fui amado en mi primera infancia, puedo dudar de mi capacidad de ser adorable y buscar constantemente pruebas del amor de la otra persona. Pero como el amor que busco es el de mis padres, toda persona que me aporte amor es un señuelo. Nunca podrán sustituir a mi padre o a mi madre y no me aportarán el «amor verdadero» que busco. Puedo ir de pareja en pareja sin que me satisfaga ni colme lo suficiente mis necesidades.

La multipotencialidad emocional suele estar mal vista. Sobre todo en las mujeres, ya que a los hombres se les suele elogiar más por sus habilidades. Pasar de un hombre a otro o de una mujer a otra se considera un caso grave de inestabilidad. Hace dos generaciones, era necesario que la pareja estuviera unida hasta el final, aunque se hubiera instalado el odio, el resentimiento, la violencia o la frustración. Hoy, el creciente número de divorcios, separaciones y familias mixtas representa una nueva apertura al amor, a la pareja y a la familia.

Inestabilidad profesional

Las personas que diversifican su trabajo suelen calificarse de inestables. Pero detrás de una vida profesional, a menudo hay una vida familiar. ¿Sabes que todas las situaciones de problemas familiares no resueltos vuelven a ponernos a prueba en nuestro trabajo? Si tuve un padre autoritario, es probable que mi superior también lo sea. Si espero recibir el reconocimiento que mi padre o mi madre nunca me dieron, posiblemente tampoco lo reciba jamás de mi jefe.

Si estoy en conflicto con mis hermanos y hermanas, puedo estar en conflicto con mis colegas...

También hay que tener en cuenta a todos aquellos que dan vueltas rápidamente a su trabajo y se aburren de hacer la misma actividad todos los días. El cambio es una forma de salir de una rutina que puede atrapar a algunas personas en un desagradable estado de inmovilidad.

A menudo estas personas tienen un bagaje de vida y experiencia tan diverso como variado. Cambiar de ciudad, de país y de trabajo exige una adaptación rápida y una inteligencia notable. Reemprender el camino, cambiar de vecinos, de cultura, de idioma y reaprender nuevos empleos puede ser un quebradero de cabeza para quienes viven en un entorno sedentario y estable.

Es así como esta seudoinestabilidad es un tesoro para todos los que la experimentan. Se convierte, al igual que el sentido del olfato, en una joya para las persones con discapacidad auditiva o invidentes, en un desarrollo de mayor potencial de reactividad y adaptabilidad para quien lo experimenta.

Una persona que ha empezado y trabajado durante veinte años en la misma empresa puede verse desestabilizada si se encuentra en paro. Sólo habrá tenido un punto de referencia profesional y es posible que se haya instalado en unos hábitos que nunca le hicieron plantear la necesidad de reestructurar su vida. Verse obligada a cambiar su rutina puede causarle un estrés intenso, e incluso ansiedad, lo que puede desembocar en un agotamiento nervioso si se le pide que se traslade a otro lugar para encontrar un nuevo empleo.

El «inestable» está acostumbrado a dar tumbos todo el tiempo. No le preocupa mudarse, cambiar de trabajo, de vecinos... y a veces de estado emocional. Aprende con facilidad y se interesa por cualquier cosa que pueda añadir experiencia a su currículum.

No hablaremos de inestabilidad emocional, que corresponde más bien a un comportamiento desproporcionado e imprevisible en las relaciones con los demás. En este caso, puede existir un problema neurótico que se convierte en un verdadero sufrimiento para la persona que lo experimenta.

La persona inestable puede asumir esta incoherencia si la situación que vive le resulta insoportable. Pero si son otros los que le atribuyen esta etiqueta, sigue siendo objeto de un juicio arbitrario. Los que critican se sitúan necesariamente en un lugar que no les pertenece. Se toman la libertad de opinar sobre un funcionamiento que no conocen y que concierne a una historia que no es la suya.

Como habrás comprendido, la estabilidad suele ir unida a la normalidad y la inestabilidad a la anormalidad. Pero, como hemos visto, las normas están en función de las creencias y los valores de cada uno. Así que, en lugar de encerrar a los seres humanos en un marco inamovible y empujarlos a vivir sus vidas en cajas diseñadas por el pensamiento normativo, abramos la puerta a la diversificación.

Permitámonos desarrollar nuestra multipotencialidad y aceptemos que tenemos multipotencialistas a nuestro alrededor.

La libertad de todos empieza por el derecho a tener una historia distinta de la de los demás y a asumirla sin juzgarla. Y si hablamos de la diferencia, entonces nos queda una pregunta esencial. ¿Qué lleva a algunas personas a ser multipotencialistas? ¿Qué encuentran al abrirse a sus múltiples potenciales? ¿Por qué lo necesitan?

Capítulo IX

Las personalidades del multipotencialista

El funcionamiento multipotencial se encuentra principalmente en personas con un «alto potencial»[5] en la polivalencia.

Hoy en día, estas personalidades de gran potencial se observan más de cerca. Para los que a veces pueden llamarse «superdotados intelectuales» la precocidad intelectual nos guía en la comprensión de una capacidad particular para sobresalir en innumerables y variadas facetas.

Aunque la polipotencialidad no esté reservada a ellos, son, sin embargo, los primeros representantes de esta capacidad permanente de innovar. Vemos que existe un vínculo íntimo entre «alto potencial» y «multipotencialista». El primero se encuentra en una multipotencialidad casi permanente, mientras que el segundo no necesariamente. La diferencia reside también en la exacerbación de todo en el primero, que se reduce a un nivel menor en el segundo.

Aunque no se crean especialmente dotados, estos individuos muestran una sensibilidad notable, así como una gran curiosidad hacia todo lo que les atrae y estimula. Y los ámbitos que prefieren son numerosos: profesional, intelectual, artístico, deportivo…

---

5. Alto potencial es el término elegido en Bélgica para englobar lo que antes se denominaba precocidad intelectual de manera indiscriminada.

Sus dificultades residirán en su capacidad de elección. En efecto, la multiplicidad de competencias que poseen les permite abrir muchas puertas. Y la particularidad es que todo les interesa, y sobre todo, tienen interés por todo.

Esto es lo que los diferencia de quienes se ajustan a un camino establecido. Han abierto de forma natural las barreras de la conformidad con las creencias y normas sociales y familiares.

Esto no significa que sean del todo libres. Pero cuando se trata de poner en práctica los temas que los atraen sin tabúes, ¡van a por ello! Detrás de esta mayor capacidad de adaptación y comprensión puede haber una importante labilidad emocional. Es cierto que cada cambio, cada evolución, cada cuestionamiento requiere una reorganización por parte de la persona que lo experimenta.

Este reajuste constante es nutritivo a la vez que desestabilizador. El multipotencialista está una y otra vez pensando y tiene dificultades para poner su cerebro en el botón de *stop*. Pero nunca se aburre.

Donde la mayoría de los demás se agobian, él consigue tener una extraordinaria gestión del tiempo. Puede hacer varias cosas a la vez, seguir varias conversaciones, hablar y escribir al mismo tiempo.

Mientras que algunas personas buscan constantemente el refrendo de sus capacidades, los multipotencialistas se demuestran de continuo que son capaces. Estar en acción les permite saber que pueden tener éxito. La acción nunca es en vano. Les permite aprender sobre sí mismos y sobre los demás.

El inconveniente es que las neuronas pueden sobrecalentarse. El interrogatorio es permanente y, para ellos, es esencial encontrar una respuesta a sus preguntas. Feliz es la persona que no hace demasiadas preguntas.

Pero la apertura de los potenciales favorece sobre todo la apertura a la vida, al otro. Los multipotencialistas también necesitan comprender y analizar a las personas para poder comprenderse a sí mismos. La ventaja de esto es que tienen una velocidad de razonamiento y de resolución de problemas que los convierte en unos valiosos y auténticos ayudantes. En ello encontrarán alimento. El altruismo y la compasión los aproximan a los demás y les permite obtener reconocimiento.

Todo lo que se construye sobre la apertura favorece el acceso a todas las puertas de entrada. Un multipotencialista rara vez permanece inactivo. Encuentra trabajo con rapidez, pero cambia de empleo o de profesión con bastante frecuencia. La razón no es que no le guste, sino que quiere descubrir cosas nuevas. Como es perfeccionista, sus jefes lo lamentan porque su trabajo suele ser notable y se integra con rapidez.

La esencia del multipotencialista es la innovación. Siempre diferente, siempre más, siempre más fuerte. Pero lo transmite a los que le rodean, porque su objetivo no es quedarse con la información, sino difundirla. Utiliza sus múltiples aprendizajes como medio de transmisión. Si lo ha entendido, lo explica. Porque la respuesta es importante. El amor que recibe alimenta su estima, y cuanto más tiene, más capaz es de visitar nuevos lugares sin temor.

Esto no significa que el miedo no exista en él. Pero rara vez interfiere con su idea inicial. Esto significa que cuando pone en práctica una idea, está seguro de tener éxito. Y lo consigue la mayoría de las veces. Es después del éxito cuando surge la duda. Porque el deseo es más fuerte que el cuestionamiento. Además, los multipotencialistas suelen estar emparejados con personas muy cuadradas, que, por otra parte, siempre calculan antes de pasar a la acción. Esto a veces les ayuda a equilibrarse en su sed de avanzar sin saber dónde van a poner el pie.

En resumen, tanto si eres monopotencialista, hiperespecialista, estás atascado, quieres cambiar o acabas de empezar, abre la puerta a tu multipotencialidad y sabrás lo que significa vibrar.

Capítulo X

El futuro profesional. ¿Qué profesión elegir?

¿Qué quieres ser de mayor?

Ni tan siquiera han acabado primaria cuando a los niños se les hace esta fatídica pregunta acerca de su futuro profesional. Es como si tuvieran que pensar en su futura profesión nada más salir del vientre materno.

Parece un poco prematuro, pero es probable que ya hayas preguntado a los niños sobre este tema. ¿Por qué es tan importante para los niños pequeños el futuro de un trabajo? ¿Por qué tener un trabajo es esencial para el reconocimiento de la persona que lo hace?

Se cree que la palabra «profesión» procede del latín *ministerium*, que significa «función», «servicio». Se cree que fue evolucionando gradualmente a *minister*, que significa «agente», «ayudante», luego a *menestier*, *mistier* y *mestier*, hasta llegar a la profesión actual.

Hoy en día, por definición, una profesión u oficio es el ejercicio de una actividad profesional con vistas a una remuneración por parte de un individuo. También puede referirse al grado de dominio adquirido por un profesional a lo largo de la práctica de su actividad.

Ésta es la diferencia entre tener un oficio y tener una profesión.

En primer lugar, vamos a establecer la diferencia entre oficio, profesión, trabajo y carrera.

Ejemplo:

- Mi oficio es ser panadero.
- Es una profesión agroalimentaria.
- Mi trabajo es elaborar pan y pasteles.
- Hice mi carrera en esta panadería.

«Trabajo» es el término general que designa el esfuerzo que uno realiza para hacer algo.

En el mundo laboral, los términos «oficio» y «profesión» son sinónimos. Se utilizan para referirse a una actividad remunerada (mientras que un trabajo puede no ser remunerado) que ha requerido formación o experiencia.

El término «oficio» evoca más a menudo una actividad manual (fontanero, albañil…), mientras que la palabra «profesión» se refiere más bien a una actividad de prestigio (médico, abogado…) o intelectual.

La personalidad del multipotencialista

El trabajo es, después de la familia, uno de los componentes esenciales de la identidad. No obstante, el lugar y la importancia que le conceden los individuos dependen mucho de su categoría socio-profesional y de su situación familiar. Mientras que para los directivos y los autónomos el trabajo es una actividad muy importante, en la que encuentran realización y satisfacción, no ocurre tanto en el caso de los empleados y obreros menos cualificados. El trabajo es una parte importante de nuestras vidas, aunque sólo sea por el tiempo que le dedicamos. No cabe duda de que quienes tienen la oportunidad de trabajar en un empleo que les gusta y, sobre todo, de hacerlo en un entorno gratificante y satisfactorio, disfrutan de unas condiciones ideales.

Por desgracia, ya no estamos en la época en la que un individuo podía iniciar sus estudios y luego trabajar en el campo de su elección y progresar en su plan de carrera, al tiempo que tenía asegurada una futura jubilación.

Durante muchos años, algunos licenciados han tenido muy pocas posibilidades de encontrar trabajo en el sector en el que estudiaron. Muchos de ellos tienen que lidiar con los empleos disponibles, que a menudo son muy diferentes de aquello a lo que querían dedicarse.

Para la mayoría de los padres, sin embargo, es esencial que su hijo tenga un trabajo, y a un joven que decida no estudiar no lo tendrán en cuenta, o incluso será menospreciado, porque se le juzgará como «inculto y poco inteligente».

¿Tener un trabajo sería más un fin en sí mismo que un medio para ganarse la vida? El trabajo es una parte importante de nuestras vidas, aunque sólo sea por el tiempo que le dedicamos. Pero está por ver si hemos solido exagerar su impacto. Aunque en los últimos años hayamos vuelto a una cultura del ocio, todos los que tienen la oportunidad de hacer un trabajo que les gusta y, sobre todo, de hacerlo en un entorno gratificante y satisfactorio, disfrutan de unas condiciones. Pero pensar que esto es necesario para ser feliz es un poco como decir que hay que ser guapo, joven, rico y sano para tener éxito en la vida.

Elegir una profesión

Elegir una profesión no es fácil, pero ¿la elegimos realmente? Cuando trabajas, como he hecho yo durante años, en el análisis de los vínculos familiares, te das cuenta de que cada persona piensa que ha practicado su profesión a partir de una elección muy personal. Pero a menudo no es así. Si bien la decisión puede tomarse individualmente, la elección suele estar bastante a menudo guiada por la historia familiar.

Primera opción: fidelidad al modelo familiar

Como ya hemos observado en capítulos anteriores, no es extraño seguir la línea familiar adoptando la misma conducta. ¡Uno hace lo que le hacen! Puede ocurrir que la profesión elegida sea muy positiva para la persona, ¡y eso está muy bien! A veces, por el contrario, la persona no se siente muy a gusto con el trabajo. No le gusta, no encaja con ella. Incluso he oído a personas preguntarse por qué desempeñan ese trabajo. El poder de la lealtad familiar es poderoso y algunas personas pueden quedarse toda la vida trabajando en un empleo que no les conviene sin siquiera cuestionarse a sí mismas.

Pregunta a tu alrededor a cuántas personas les gusta su trabajo y si es lo que querían hacer en un principio. Puede que te sorprendan sus respuestas.

Por suerte, algunas de ellas intentan salir de su malestar y, tras estudiar su historia, consiguen desvincularse del camino trazado para encontrar su individualidad y cambiar su trayectoria. No es tan sencillo, ya que en ocasiones se ven obligadas a salir del núcleo familiar para ser libres, o pueden ser excluidas de la familia si su modelo ya no se corresponde con el patrón exigido.

Segunda opción: lealtad o frustración hacia el progenitor

La proximidad de uno de nuestros dos padres es una ayuda para a veces escuchar, oír y asumir que su trabajo es fabuloso. Y aunque no lo sea, sin duda, tiene aspectos positivos que son beneficiosos para la persona o la familia. Como resultado, el niño no hace preguntas, hace lo mismo. Y si hace el mismo trabajo que papá o mamá, ¡sólo puede ser reconocido por ellos! Si ellos lo hicieron, ¿por qué no él? Mi madre es enfermera, yo seré enfermera. Si no puedo, seré auxiliar de enfermería. Es mejor estar abajo que arriba. ¡No seré médico! Eso sería devolverle lo que no pudo hacer. Si quiero que me siga queriendo, me quedaré pequeño.

Como es evidente, esta situación no se aplica a todas las personas, pero hará reflexionar a quienes no hayan podido, no hayan tenido los medios o el derecho a ejercer una profesión «más importante» que la de sus padres.

Y luego está la frustración. Muchas personas no aprenden o no pueden aprender el trabajo que les gustaría hacer, ya sea porque sus padres se negaron o no podían permitírselo, o porque no tenían la capacidad o por otras múltiples razones.

En este caso, el niño, sin conocer siquiera la frustración de sus padres, puede plantearse hacer el trabajo que su progenitor no pudo hacer. Esto se denomina reparación. Puede que este trabajo sea, como antes, muy positivo para el niño, o tal vez no le corresponda en absoluto. En ambos casos, repara una injusticia, una carencia, una herida.

Lo peor es que el niño cree que lo está haciendo bien, pero a veces el padre siente celos.

Porque es muy difícil ver a alguien alcanzar tu sueño y esto puede generar disensiones entre las dos generaciones. Cuidado, no hay reglas en las generaciones y un joven puede hacer el trabajo que sólo hizo su tatarabuelo. En el análisis familiar, puede estar vinculado a él y estar ahí para continuar, reparar o afianzar parte de la historia familiar. Por lo tanto, es interesante averiguar si el trabajo que hacemos puede haber sido similar al de uno de nuestros antepasados y, si es posible, averiguar cómo éste lo había vivido.

Por último, está este trabajo… que no existe en ninguna parte de la familia. Que no es una frustración para nadie. Y que no ha sido otorgado por el padre a su hijo como una misión (¡serás abogado, hijo mío!).

¿Por qué entró en la familia? ¿Por casualidad, quizás? Pero tienes que creer en ello. De hecho, detrás de cada profesión hay un símbolo. Recordemos las palabras latinas *ministerium*, *ministro*, que significa «servir», «ayudar». Está claro que si el trabajo sirve al oficio, pues bien, el oficio sirve a la familia y a la historia familiar.

El símbolo no es la verdad, sino una verdad. Los elementos simbólicos que seguirán sobre la particularidad de cada profesión han sido analizados en su mayor parte a partir de casos concretos y de las experiencias familiares de mis clientes. Las indicaciones proporcionadas siguen siendo hipótesis, pero qué son las hipótesis si no la capacidad de abrir el campo de las posibilidades.

También jugaremos con la homofonía, es decir, con los mismos sonidos. En efecto, diseccionándolos, podemos hacer que las palabras digan mucho más que su significado original. El significado oculto puede revelar el sentido original o, por el contrario, oponerse a él. Esta antigua práctica era muy popular entre los alquimistas y muchos la siguen utilizando hoy en día.

Se conoce como el «lenguaje de los pájaros».

Recordatorio

Nota de la autora

Con el fin agilizar la lectura, las profesiones no siempre se escriben en masculino y femenino. Agradecería que esto no se me tuviera en cuenta, ya que en este libro no hay sexismo profesional.

Segunda parte

El simbolismo
de las profesiones

1. Abogado - Abogada

Papel e historia

Se trata de una persona que intercede o defiende a otra ante distintos tribunales.

El término «abogado» en su sentido profesional procede del latín *advocātus,* «defensor», «abogado». *Ad* significa «contra» y *vocatus* «que atestigua», «que llama». El abogado está en contra de lo que se atestigua, viene a defender la palabra dada, apela contra una afirmación que parece injustificada. Bajo el Antiguo Régimen, la función del abogado era defender conventos, ciudades, etc. Hasta 1790, tras la Revolución francesa, la palabra no adquirió su significado actual.

Simbolismo

Es difícil imaginar que en la familia de un abogado no haya habido injusticia. Es posible que hayan existido antepasados en generaciones cercanas o lejanas que sufrieran traumas no resueltos en los que vivieron situaciones injustas. O bien que fueran acusados injustamente y quizá encarcelados o ejecutados, o que sufrieran un suceso cuyo autor o autores nunca fueron hallados.

También puede haber habido niños, mujeres o personas «indefensas» que sufrieron abusos y no tuvieron a nadie que intercediera en su favor. Defender a los débiles y los oprimidos puede ser una carrera significativa para quienes la emprenden.

Dependiendo de la especialidad del abogado, se dispone de información sobre la cuestión familiar que lo llevó a desempeñar esta profesión. Los hijos, la familia, la empresa, los bienes inmuebles serán indicaciones para encontrar la herida que puede tener que ocultar o reparar.

No obstante, se trata de un profesional que se ocupa de los casos de los demás antes de implicarse en ocasiones de los suyos propios.

2. Actor - Actriz

Papel e historia

Es la persona cuya profesión consiste en interpretar personajes en el escenario o en la pantalla: actor. También es una persona que participa activamente en una empresa o desempeña un papel activo en un asunto o evento.

Esta palabra deriva del latín *actor, -ōris*, y la forma femenina, del latín tardío *actrix, -īcis*. *Actor* se utilizó primero para designar a los autores, luego por derivación a los actores y, finalmente, a los actores de teatro.

Según su etimología, esta palabra significa «el que hace o representa (una obra)».

Simbolismo

El actor actúa en una obra o situación. Desempeña un papel en una acción. O bien simula una situación para representarla ante los demás, por ejemplo, en el teatro o en una película, o bien participa en una situación para convertirse en parte integrante de ella, como para ser actor en el éxito de una empresa.

Podemos pensar que la persona que realiza este trabajo ha tenido en su historia personas que pueden haber sido actores en determinadas situaciones, pero que nunca han sido reconocidas de forma positiva o negativa. Entro en acción, muestro, hago el papel de... para que los demás lo sepan.

También es posible que haya habido personas en la familia que hayan estado ausentes cuando se contaba con ellas, y que el actor se esté resarciendo haciendo de la acción su trabajo.

Un actor también está en la representación, interpreta un papel que no es el suyo. Puede encontrar en esta acción la capacidad de realizarse a través de la historia de otros cuando la suya no le conviene.

El verbo «jugar» puede proporcionar información sobre una familia en la que el juego o bien estaba muy presente o era inexistente. Pero «ser jugador» también hace referencia a la persona que intenta algo sin tener la certeza de que el resultado será el esperado. Esto nos lleva de nuevo a la idea de que en esta familia ha habido o bien jugadores, tal vez compulsivos, que han perdido mucho, o bien personas que nunca se han atrevido a hacer nada y que se han estancado toda la vida.

El actor destaca para complacerse a sí mismo, pero también para ser visto y escuchado, e incluso reconocido. Puede haber sufrido carencia de reconocimiento en su familia. Puede haber sido un hijo no deseado, excesivo, transparente, y su profesión le pone en el punto de mira, en el escenario, a los ojos de todos.

Me ven y me oyen… luego existo.

3. Aduanero - Aduanera

Papel e historia

El funcionario de aduanas, que es un miembro de la Administración aduanera, es responsable de la verificación de los productos que entran o salen de un país.

La aduana se considera una institución ancestral. Se encuentran vestigios ya en la Antigüedad, en las civilizaciones egipcia, griega y romana. En Francia, por ejemplo, su organización y desarrollo son más recientes y tienen su lugar en la progresiva ascensión del poder real. Jean-Baptiste Colbert, interventor general de finanzas de Luis XIV, es considerado el padre de las aduanas modernas. Los derechos de entrada y salida del país permitían garantizar recursos al estado y controlar posibles invasiones.

El despacho de aduanas es el acto de marcar las mercancías con un precinto aduanero, poniéndolas bajo el control de la Administración aduanera. Despachar es, por el contrario, retirar el precinto, pagar la cantidad debida para que las mercancías sean liberadas.

La palabra «aduana» procede del árabe hispánico *addiwán*, y ésta del árabe clásico *dīwān*, que, a su vez, procede del pelvi *dēwān*, «archivo».

Simbolismo

Es posible que en la familia del funcionario de aduanas haya habido personas que hayan cruzado fronteras ilegalmente, ya sea para huir o para pasar a personas de contrabando de un país a otro.

Los ascendientes del aduanero pueden haber sido despojados de bienes o separados de personas que cruzaron la frontera de manera ilegal.

Algunas personas de la familia pueden ser extranjeras, y la integración en ella puede haberse complicado por diferencias culturales, por ejemplo, ya que lo que llega del extranjero en ocasiones puede ser peligroso. Por eso es importante que el aduanero compruebe la legalidad de lo que cruza la frontera.

El hecho de que las mercancías estén selladas con plomo también puede recordarnos al ataúd que se sella con plomo para que viaje y evitar el contrabando. Es posible que en esta familia hubiera contrabandistas que pasaran mercancías de contrabando de diferentes maneras. Los ataúdes eran una forma muy eficaz de hacer pasar por la frontera mercancías prohibidas o gravadas con impuestos elevados. El aduanero repara así lo que algunas personas de su familia pueden haber hecho o lo que se puede haber hecho a un familiar fallecido al añadir mercancías a su ataúd.

El aduanero o su familia pueden haber sufrido una injusticia económica, y su dinero puede haber salido del país, de ahí la necesidad de controlar todo lo que cruza la frontera y de cobrar a quienes lo hacen con mercancías.

Es posible que miembros de esta familia hubieran ido al frente y no se tuviera noticias de ellos ni de lo que les ha ocurrido. El aduanero lo remedia controlando todo lo que llega a las fronteras como si estuvieran pendientes del regreso de esta persona desaparecida…

4. Agente

Papel e historia

Agente es un sustantivo masculino derivado del latín *agens, -entis*, participio presente activo de *agĕre*, «hacer», «actuar». Se utiliza en varias profesiones y representa a una persona que lleva a cabo una misión en nombre de un individuo, una empresa o una comunidad.

Puede ser un intermediario, un representante, pero siempre al servicio de un tercero. Un agente actúa para llevar a cabo un encargo en cualquier ámbito y, aunque a menudo trabaja solo, suele ser el intermediario entre dos personas o dos entidades.

Simbolismo

El agente está en acción. Puede que provenga de una familia en la que el funcionamiento giraba en torno a la inmovilidad o que se haya producido un acontecimiento en el que la falta de acción haya generado un trauma.

Puede existir una discapacidad motriz o una enfermedad en la familia, lo que puede haber impulsado a este profesional a tomar medidas para reparar el estancamiento.

Observaremos para qué profesión la persona es «agente», porque existe cierta diferencia entre ser agente de mantenimiento, agente inmobiliario, agente de seguridad o agente de bolsa.

Aunque en todos los casos actúa en nombre de un tercero. Así que no se excluye que en su historia una persona ajena a la familia haya actuado como intermediario para arreglar una situación o que un ascendiente haya tenido una acción positiva sobre la familia cuando no le correspondía, un hijo tal vez...

5. Agente de seguridad

Papel e historia

La función del agente de seguridad es garantizar la seguridad de bienes muebles e inmuebles.

Su trabajo consiste en la recepción, control de acceso e instrucciones de seguridad, patrullas de vigilancia, primeros auxilios y todo tipo de intervenciones.

El agente de seguridad puede estar especializado en varios ámbitos.

La palabra «agente» procede del latín *agĕre* «hacer», «actuar», y seguridad del latín *securĭtas, -ātis*, «ausencia de preocupación», «tranquilidad del alma», derivado de *securus*, «libre de preocupación», «libre de miedo», «tranquilo».

Simbolismo

El agente de seguridad puede haber carecido de seguridad cuando era niño, o las personas de la familia pueden haber sido inseguras, por lo que asume la tarea de ser el elemento de seguridad de la familia.

Uno puede pensar que han robado, saqueado o desvalijado algo en su familia y que nadie estaba presente para impedirlo. Es posible que su familia se haya visto presionada y encerrada en el miedo a la agresión, de ahí la necesidad de estar segura en todo momento y lugar.

Es posible que haya habido personas en la familia que escondieran a niños o adultos en peligro durante la guerra o que ellos mismos se ocultaran porque corrían un gran riesgo.

La idea de asegurar un lugar es incluso más importante que la de asegurar a las propias personas, pero la razón por la que reviste tanta importancia que una persona se encargue de su seguridad es que lo que hay dentro es muy valioso. Puede que en esta familia se hayan robado bienes de una casa, o que la propia casa haya sido embargada.

Si el agente de seguridad vigila y controla, se reduce el riesgo de pérdida. Es el guardián del tesoro.

Hay una edad en la que uno puede sentirse inseguro o seguro a cierta edad en esta familia.

6. Agente inmobiliario

Papel e historia

«Inmobiliario» es un término que define e incluye cualquier actividad comercial o privada relacionada con los bienes inmuebles. El agente inmobiliario vende y/o alquila pisos, casas y locales comerciales o industriales.

La palabra «agente» viene del latín *agĕre*, actuar, e «inmueble» de *immobĭlis* (formado por el prefijo *im-* privativo y el adjetivo *mobĭlis*, que significa «que se mueve»). Así, un edificio es una construcción «que no se mueve».

Simbolismo

El agente inmobiliario desempeña la función de ayudar a las personas a alojarse en un lugar seguro e inmóvil.

Es probable que tuviera antepasados que perdieron su casa o fueron desarraigados. Su función es poner un techo a las personas que no lo tienen, no lo tuvieron o lo perdieron.

También ayudar a otros a colocar sus maletas en un lugar estable, que no se mueva. En el árbol genealógico puede haber personas que hayan viajado mucho o cambiado de lugar, por ejemplo, militares o antepasados viajeros.

No se dejará de lado a los miembros de la familia que hayan podido cometer alguna fechoría y que hayan huido sin retorno para no ser descubiertos.

El nombre de esta profesión es una paradoja, porque entre agente, que significa acción, e inmobiliario, que simboliza la inmovilidad, vemos a una persona que actúa sobre la inmovilidad. Es como si en esta familia hubiera que actuar, pero de forma intelectual.

También podemos pensar en personas encerradas, quizá durante las guerras, que aún tenían la capacidad de actuar desde dentro para hacer que ocurrieran cosas en el exterior.

7. Agricultor - Agricultora

Papel e historia

Un agricultor es una persona que cultiva la tierra y/o cría animales con fines de producción.

La palabra procede del latín *agricultor, -ōris*, de *ager*, «campo», y *cultor*, «que cultiva».

La actividad del agricultor es, según fuentes históricas, una de las primeras del mundo, junto con la caza. El hombre prehistórico tuvo la idea de plantar semillas para que germinaran y poder recoger así sus frutos.

Esta actividad es la base de la vida sedentaria. En la antigua Grecia, la agricultura representaba alrededor del 80 por 100 total de la economía.

El agricultor es un gerente de empresa, o un empleado, y lleva muchos sombreros. Además de trabajar y cultivar la tierra, debe tener conocimientos mecánicos para reparar las herramientas agrícolas, pero también para la gestión, la contabilidad diaria y el cuidado de los animales.

Simbolismo

El agricultor o cultivador representa la base de la cultura en general. Debe nutrirse de conocimientos para cultivar, y su cultura le permite nutrirse.

En ambos casos, cabe suponer que procede de una familia a la que pueden haberle faltado conocimientos, alimentos o hijos.

Debe ser el principio de la alimentación del cuerpo o del espíritu, ya sea para continuar un patrón familiar o para reparar una incapacidad de plantar una pequeña semilla y hacerla germinar.

El conocimiento, la nutrición y la procreación pueden ser la base de este oficio…

También puede proceder de una familia en la que el cultivo de la tierra salvó a sus miembros durante la guerra o la hambruna. Existe entonces la misión de continuar en caso de que se repita la misma situación.

La tierra nutricia es la base de toda la materia, y gracias a ella podemos comer y enriquecernos.

Sembrar la «semillita» es la base de la vida y, para el agricultor, es un eterno comienzo. Siembras, recolectas y recoges semillas de la cosecha que vuelves a sembrar. La continuidad familiar es fundamental; mientras mantengamos la familia en crecimiento, estaremos vivos.

8. Albañil

Papel e historia

El albañil es un artesano profesional de la construcción. Su trabajo consiste en crear construcciones de diversos materiales.

Un artesano es aquella persona que pone su arte al servicio de los demás. La palabra «albañil» procede de del árabe hispánico *albanní*, y ésta del árabe clásico *bannā'*. Un artesano se consideró más o menos como un artista hasta finales del siglo XVIII, aunque más tarde éstos pasaron a cumplir dos funciones diferentes. El artista pasó a ser el que utiliza su arte por placer, y el artesano con fines comerciales.

Este oficio es, sin duda, uno de los más antiguos de la historia de la construcción. Es quizás el que presenta más divergencias según las épocas y los lugares. Los nuevos materiales y los avances técnicos han modificado la técnica del profesional. La mecanización transformó el oficio en el siglo XX y en la actualidad está en constante evolución. Pertenece al grupo de oficios estructurales y de construcción pesada.

En la Edad Media, el trabajo de un albañil consistía sobre todo en levantar los muros, colocar la piedra, fraguarla y, por último, cementarla. Sin embargo, en los textos de la época es habitual la confusión entre albañil y cantero. Sus tareas eran bastante similares porque se les exigía una gran polivalencia en las obras.

Los albañiles podrían relacionarse con el hecho de construir una casa con máquina y andamios.

Simbolismo

El papel de este artesano consiste en construir casa, lugares seguros en los que vive toda la familia.

Puede proceder de una familia que se ha quedado sin hogar, que lo ha perdido todo, a la que le han quitado la casa. Su papel consiste en hacer que las personas se sientan seguras ofreciéndoles un lugar donde vivir.

La casa familiar puede haber sido muy importante para él, quizá con reuniones entre la familia, o incluso varias generaciones conviviendo en ella, y desea compartir esta experiencia con los demás. Puede que esté tan apegado a la casa que cada vez que construye una, transmite un poco de sí mismo y de su experiencia.

Es posible que su padre no le haya aportado seguridad, y por eso acoge a todo el mundo. Puede que tenga una función protectora, quizá incluso de «encierro», colocando a la gente entre «cuatro paredes». Probablemente prefiera ubicar a la gente entre «cuatro paredes», ¡que entre «cuatro tablas»!

Tener casa propia implica ser propietario. O sigue manteniendo este estatus familiar a través de sus clientes o repara lo que no existía en su familia.

9. Animador - Animadora

Papel e historia
El animador da vida, movimiento, y también anima.

El término «animación» procede del latín *animatio, -ōnis.*

Simbolismo
Los animadores necesitan sentirse vivos y dar vida a quienes les rodean. Puede que haya habido personas o situaciones inanimadas y bloqueadas en su historia, quizás muchas muertes.

El animador es una persona que necesita pasar a la acción para vivir. Es posible que en su ascendencia haya personas que no pudieron entrar en acción en un acontecimiento y dejaron de respirar.

Puede reanimar a personas o situaciones sin vida, sin alma, inmóviles, para demostrarse a sí mismo que está vivo.

El animador puede haber experimentado un gran estancamiento en su propia vida como niño con unos padres demasiado sedentarios, retraídos, enfermos, incapaces o ausentes. Su reparación genera el hecho de dar vida a todo lo que toca. También puede haber vivido una situación en la que se tuviera que enfrentar a la muerte, a la suya o a la de un ser querido. Es posible que no puediera soportar la idea de que todo se detuviera y realizara un trabajo en el que ponía a todo el mundo en movimiento.

Puede existir una noción de asfixia con acontecimientos familiares relacionados con un problema que le habría impedido respirar: incendio, ahogamiento, cámara de gas…

10. Anticuario

Papel e historia

Un anticuario es una persona que compra y vende objetos de calidad. La palabra procede del latín *antiquarius*, relativo a las antigüedades, las cosas viejas.

Simbolismo

El anticuario es el que da aire a las cosas viejas o las saca a la superficie. Puede haber personas o acontecimientos significativos en la familia o la comunidad que se hayan olvidado o dejado de lado.

Está ahí para sacar a la luz elementos del pasado que nos cuenten una historia para que no la olvidemos.

Al anticuario también le corresponde dar valor al pasado porque la venta de antigüedades le permite ganar dinero.

¿Se denigró su pasado o se denigra su vida presente? A veces, en algunas familias, todo era mejor «antes» y sólo el pasado era importante. Por ese motivo, los descendientes se aferran a ese período al considerarlo mejor, y se benefician de él. Los que viven en el pasado lo utilizan para construir su presente, ya sea a través de la representación del objeto o del dinero que proporciona.

Por otra parte, los antepasados que fueron pobres o indigentes pueden ser rehabilitados en su estima por descendientes que dan gran valor a su tiempo. Es una forma de devolver a la luz a los antepasados que estaban en la sombra.

Pero a menudo es difícil estar en el momento presente cuando se permanece en el pasado.

11. Apicultor

Papel e historia

Un apicultor es una persona que cría abejas y aprovecha los beneficios de la colmena.

En latín, abeja es *Apis* y cultivar *colere*. Aunque las pinturas rupestres de las cuevas prehistóricas muestran a hombres recolectando miel.

Seguramente fueron los egipcios los pioneros de este bello oficio y de los beneficios de la apicultura.

La miel se utilizaba como ofrenda a los dioses, pero también como base para los cosméticos y las medicinas, sobre todo para curar heridas y aliviar el dolor. La miel también se usaba para preparar a las momias.

Además, hasta la Edad Media, para proporcionar alegría y felicidad a la pareja, los novios bebían tradicionalmente una bebida con miel durante el primer mes de su unión. Hoy, esta tradición se conoce como «luna de miel», que representa, sobre todo, el momento especial que vive la pareja tras la celebración de su unión.

Simbolismo

La miel tiene una representación de dulzura, longevidad y curación. Cabe imaginar que en la historia del apicultor han existido sufrimientos físicos o emocionales que no se han suavizado, cierta dureza de vida y una gran falta de felicidad.

Esta profesión también encarna la relación con la abeja, un insecto diminuto que produce una sustancia cuyas propiedades nutritivas y terapéuticas ya no se cuestionan. Es como si una vez más se nos demostrara que el tamaño y la fuerza no lo son todo.

En la historia de la persona puede haber existido una polaridad débil-fuerte, la conciencia de que quien parece más débil, más frágil, es a veces quien más aporta. Es importante tener en cuenta las capacidades de la otra persona más que su representación. También puede ocurrir que los antepasados de la familia del apicultor fueran salvados por la miel durante las hambrunas, accidentes o la guerra.

El guiño lingüístico nos permite trasladar la palabra latina: *api*, «abeja», a la inglesa: *happy*, «alegría», lo que hace happy-cultura, ¡la cultura de la alegría!

12. Árbitro

Papel e historia

Un árbitro es una persona cuya misión consiste en decidir un litigio en lugar de un juez. Puede zanjar un debate o resolver un conflicto. Es un profesional que, en determinadas circunstancias y porque es competente, puede imponer su voluntad.

Es frecuente encontrarlo en el deporte, ya que su función también consiste en dirigir un partido o una competición haciendo que los deportistas respeten las reglas del juego.

Los griegos y los romanos ya recurrían a los árbitros en la antigüedad. Los primeros «juegos olímpicos» dieron lugar a disputas que los árbitros tenían el deber de gestionar.

Se dice que «árbitro» procede del latín *arbiter, -tri,* que significa «espectador», «testigo», «juez», «maestro que decide».

Simbolismo

¿Qué había que arbitrar en la familia del profesional? ¿Es una familia conflictiva en la que todos quieren imponer sus normas a los demás o, por el contrario, se necesitan normas para resolver las disputas?

El árbitro puede haber sido un niño al que no se le escuchaba y sentía que esta situación era injusta. Puede que sus padres estuvieran en constante conflicto y él no pudiera hacer nada al respecto.

La familia, o él mismo, pueden haber sufrido una gran injusticia porque nadie acudió en su ayuda para zanjar la discusión y resolver el conflicto con sus habilidades.

Puede haber sido objeto de violencia y nadie se interpuso entre él y el otro para protegerlo.

Dependiendo de la profesión en la que trabaje, podemos hacernos una idea más clara del conflicto. Es habitual encontrar en el deporte árbitros que han sufrido injusticias en la misma actividad cuando eran niños.

13. Arqueólogo - Arqueóloga

Papel e historia

Se trata de una persona que estudia las civilizaciones antiguas a partir de los restos materiales de una actividad realizada por el hombre o de determinados elementos de su contexto.

El origen de la palabra arqueología procede del griego: *archaiologia*. Se puede descomponer en *archeos* que significa «antiguo» y *logos*, «palabra», «habla».

El término «arqueología» fue acuñado por estudiosos que coleccionaban objetos. Durante el siglo XIX, la arqueología se basó en un enfoque científico: el análisis de la sucesión de diferentes capas geológicas que contribuye al desarrollo de la historia.

Completa los registros escritos o los contradice si es necesario. También permite reconstruir la historia de la humanidad desde la prehistoria hasta nuestros días a través de todos los restos materiales encontrados, como objetos, herramientas, huesos, cerámica, joyas, vestimenta, pinturas, etc.

El ámbito cronológico de la arqueología abarca desde la aparición del hombre hasta nuestros días. Los primeros arqueólogos querían analizar las etapas de la evolución humana. Por ello, se interesaron sobre todo por la datación y la cronología de los restos de las distintas civilizaciones.

Simbolismo

El arqueólogo puede carecer de historia familiar, tener secretos de familia o acontecimientos genealógicos cuya importancia real se ha ocultado para minimizar su impacto.

¡Tenemos que hacer hablar a los antiguos porque tienen cosas que contarnos! Si no quieren o no pueden hablar, los arqueólogos lo averiguarán, analizando lo que los restos tienen que decirnos.

Es posible que en su historia haya habido ancianos a los que no se escuchó en su discurso, a los que se les negó la palabra, o incluso personas a las que se les cortó la comunicación: mudos o a los que se les cortó la lengua.

La pregunta existencial en esta familia puede ser: ¿de dónde venimos? Puede que haya habido disputas, incluso conflictos entre ciencia y religión, sobre el nacimiento y la evolución del hombre en la Tierra. El arqueólogo busca pruebas porque necesita respuestas y seguridad sobre su historia desde el principio del ser humano en nuestro planeta.

14. Arquitecto - Arquitecta

Papel e historia

Se trata de una persona que concibe los planos, la realización y la decoración de edificios de todo tipo, y que también dirige su ejecución. Es promotor y director de proyectos de gran envergadura.

El término «arquitecto» procede del latín *architectus*, que significa «constructor», y éste del griego *architéktōn*. *Arche* corresponde al principio, el origen, el líder y *tekton* significa «ebanista», «carpintero», «contratista», «planificador», «inventor» o «diseñador».

La primera mención conocida de la palabra arquitecto (*architéktōn*) apareció en el siglo V a. C. en el libro de Heródoto sobre el *Túnel de Samos*: «[...] el arquitecto encargado de esta obra fue el megarense Eupalinos, hijo de Naustrofos». La palabra está constituida por *archi*, «jefe de», y *tekton*, «carpintero». Cabe pensar que los primeros arquitectos construyeron puentes, templos o sitios de madera.

El griego *architéktōn* pasó directamente al latín a partir del siglo IV a. C. Se convirtió en *architector* en el período tardío y luego dio lugar a *architectura* o *architectus*. Las dos formas, *architector* y *architectus,* se emplean en el sentido de «el que pone los cimientos» en sentido literal y figurado.

Simbolismo

En la ascendencia del arquitecto puede haber habido un antepasado que estaba haciendo el mismo trabajo, al que habría lealtad.

En un principio, el arquitecto tenía la responsabilidad de crear estructuras bien pensadas capaces de sostener o dar cobijo a las personas. Existe aquí una gran responsabilidad de proteger a los demás y mantenerlos a salvo de cualquier daño diseñando estructuras fuertes construidas sobre cimientos estables.

Los arquitectos también pueden haber sufrido inestabilidad familiar, con una historia desestructurada, sin fundamento.

Es posible que existiera orfandad o una familia desestructurada, sin códigos, sin valores, en la que el niño pudo sentirse inseguro.

El arquitecto es racional, reflexivo y calculador. Crea estructuras estables y sólidas e innova con frecuencia. También podemos encontrar en él ascendientes de personas ancladas en el pasado, que piensan que la novedad es necesariamente frágil y fea. Él está ahí para demostrarles que se equivocan.

Es posible que haya faltado o falte un hombre en el árbol. De hecho, como el padre es el elemento fundador seguro de la familia, su ausencia puede haber generado fragilidad, o incluso colapso en la estructura familiar. La falta de padre puede dar lugar a una necesidad de construir, asegurar y embellecer. En cualquier caso, para un arquitecto, todo es importante en una construcción... ¡como en una familia!

15. Artesano - Artesana

Papel e historia

El artesano es aquel que pone su arte al servicio de los demás. Comparte el mismo origen que artista y procede del italiano *artigiano*. El término «artesano» se utilizó como sinónimo de artista hasta finales del siglo XVIII, y luego las dos palabras se dividieron en dos funciones diferentes. El artista pasó a ser aquel que usa su arte por placer, y el artesano, con fines comerciales.

Hablamos de un artesano que es carpintero o panadero, mientras que nos referiremos a un artista musical o a un cómico; el pintor artesano es, entonces, diferente del pintor artista.

Simbolismo

Sea uno pintor, artesano de su felicidad o de su fortuna, utiliza su arte en la creación de algo. Se podría pensar que en la familia del artesano había creadores o artistas de todo tipo y que es importante continuar el modelo familiar.

El artesano puede proceder de una familia en la que el trabajo intelectual ha sido denigrado y seguir una exigencia familiar inconsciente que sitúa el trabajo manual en un pedestal.

Por el contrario, puede proceder de una familia intelectual en la que el trabajo manual se considera inferior y se rebela contra este valor familiar reinvirtiendo en la artesanía.

La artesanía se basa en la destreza del hombre dentro de su experiencia. Está ahí para demostrar o rehabilitar el hecho de que el hombre necesita apoyarse en sus propias habilidades manuales para evolucionar o salir adelante. Es una buena idea buscar lo que puede haber faltado o lo que debe continuar como arte dentro de esta familia, dependiendo de la especialidad artesanal.

16. Asegurador

Papel e historia

Se trata de un profesional que, a cambio del pago de una prima o cotización, se compromete a pagar al asegurado o al beneficiario designado un capital o una renta en caso de que se produzca un riesgo determinado.

Se dice que el término «asegurador» procede del latín *assecurare*, «poner a salvo», y *securus*, «tranquilo», «sin problemas», «quieto», donde se está a salvo.

Se cree que los inicios de los seguros se remontan al año 2000 a. C. Se firmaban contratos entre mercaderes, que pagaban a personas (banqueros) para garantizar las pérdidas debidas a naufragios o ataques de bandoleros. Si las mercancías no llegaban a su destino, los mercaderes no tenían que devolver nada a los «banqueros». Si la mercancía llegaba a su destino, se les reembolsaba y recibían una gran suma de dinero como compensación. Pero era frecuente que no se llevara a cabo el reembolso de estos préstamos.

Había que encontrar un sistema que permitiera al prestamista recuperar su dinero. Los banqueros acordaron asegurar los barcos y sus cargamentos contra una suma de dinero pagada antes de la partida. De esta forma nació el seguro marítimo. Fue Colbert quien legisló la actividad en Francia en 1681. Bajo el reinado de Luis XIV, nació la «Compagnie générale des assurances et grosses aventures (Compañía general de seguros y grandes aventuras)».

El seguro marítimo fue el primero que surgió en su forma moderna. Más tarde aparecieron otros tipos de seguros, en particular el seguro de vida, en los siglos XVI y XVII.

Simbolismo

El asegurador está ahí para proporcionar seguridad al dinero. Es probable que haya sufrido pérdidas materiales o físicas en su propia historia o en la de su familia debido a antepasados que han hecho inseguros sus bienes o su persona.

La gente puede haber sufrido robos, saqueos, o puede haber sido despojada por traición o por falta de confianza o cautela. Otros pueden haber sentido inseguridad en su vida o en su trabajo, lo que puede haber sido fatal. Un niño en situación de inseguridad puede convertirse en asegurador si personas de su familia han perdido sus casas o negocios y pueden haberse quedado sin hogar, sin nada, porque sus posesiones no estaban aseguradas o estaban mal aseguradas. Otros pueden haber perdido su vida y dejado a sus familias sin nada.

Algunos se especializan en seguros de bienes y materiales y otros en la vida de las personas, quizá para obtener información adicional sobre sus experiencias familiares.

17. Asistente de notario

Papel e historia

Se trata del principal colaborador del notario.

Es curioso que en francés reciba el nombre de *clerc de notaire,* término que procede del latín *clericus,* que significa «miembro del clero». Con esta palabra es posible referirse tanto a un clérigo como a un literato. En todos los casos, el signo distintivo es la tonsura. La profesión de clérigo ha evolucionado a lo largo del tiempo y no ha seguido siendo necesariamente la de un hombre del clero; su tonsura no siempre significa que pertenezca al clero.

Es posible encontrar apellidos como Clerc o Leclerc en las profesiones notariales.

Simbolismo

El asistente de notario es quien tiene en sus manos el expediente antes de pasárselo al notario, como si tuviera que atar todos los cabos sueltos para que el expediente quedara claro.

Pueden existir antepasados pertenecientes al clérigo, religiosos o no, y el profesional mantener viva la profesión. Es posible que en su familia haya habido personas a las que les robaron sus tierras porque las escrituras no eran claras, de manera que se intenta reparar la falta de claridad.

Tal vez un miembro destacado de su familia estuviera sobrecargado de trabajo. Así, su labor consiste en aligerar la carga de trabajo de otro miembro destacado. O puede que no haya podido convertirse en notario y ayude a este último porque para él es esencial gestionar los expedientes relativos a bienes inmuebles.

Es posible que hayan existido injusticias con respecto a una herencia en la familia del notario; así, él restablece la justicia allí donde se carezca de ella.

(Sería curioso comprobar si los notarios varones son fieles a la tonsura...).

18. Asistente social - Asistenta social

Papel e historia

El asistente[6] de servicios sociales ayuda a personas, familias o grupos con dificultades. Su trabajo consiste en promover el bienestar, la integración social y la autonomía de todos ellos.

La palabra «social» procede del latín *sociālis*, de *socius*, «compañero». Tiene la misma raíz que el sánscrito *saci*, «amistad», *saciva*, «compañero», de la raíz *sac, sequi*, «seguir».

En Francia, por ejemplo, los servicios sociales aparecieron a finales del siglo xix. Durante la revolución de 1789, la solidaridad y el cristianismo fueron el origen. Gracias a la Constitución de 1793, el acceso a la asistencia social pública se convirtió en un derecho de los ciudadanos.

---

6. Recordatorio: Nota de la autora: Para facilitar la escritura, las ocupaciones no siempre se escriben en género masculino y femenino. Por favor, no lo tengas en cuenta, no existe sexismo ocupacional en este libro.

En España, las primeras leyes a este respecto aparecieron entre los años 1983 y 1985, momento en que estos servicios se transfirieron a las comunidades autónomas.

El estado establece un sistema de asistencia social para todas personas necesitadas. La obra social fue la primera entidad social cuya función era ayudar y mejorar la vida privada de las clases trabajadoras con dificultades. Pero hasta principios del siglo xx, los políticos y sindicatos no se interesaron por las condiciones laborales.

Se crearon las primeras escuelas de formación social. En ellas se formaba principalmente a las enfermeras visitadoras a proporcionar higiene y modales a las clases trabajadoras. La guerra y la partida de los hombres al frente aportaron un nuevo aspecto a la profesión: el control del trabajo de las mujeres en las fábricas por parte de las superintendentes. En 1990, la escuela de superintendentes femeninas se convirtió en el Colegio de Trabajo Social. La profesión de trabajadora social se creó fusionando las profesiones de enfermera visitadora y superintendente, y realzó el estatus del trabajo femenino en aquella época.

Simbolismo

Cabe suponer que en la vida o la historia del trabajador social, las familias en apuros han carecido de ayuda y han sufrido por ello.

Puede haber existido «omisión de socorro a una persona en peligro» con familias o individuos que se hundieron porque nadie acudió en su ayuda.

En la historia, podemos encontrar mujeres solas, niños en peligro, violencia, hombres desempleados que han generado soledad, confinamiento e incluso la muerte. Es como si existiera una necesidad urgente de sacar a las personas de situaciones que no tienen el poder de gestionar solas. Entre los antepasados también hay niños abandonados o huérfanos del sistema público de asistencia social. El trabajador social intenta reparar el sufrimiento del niño para que, sea cual sea la situación, esté lo mejor posible. No es de extrañar que la persona que realiza este trabajo haya sufrido abusos no reconocidos.

19. Audioprotesista

Papel e historia

El primer audífono se remonta al siglo XVII. El escocés Alexander Graham Bell, cuya madre era sorda, trabajó en la conversión de ondas sonoras en impulsos eléctricos. Desarrolló audífonos más eficaces y patentó el primer teléfono en 1876.

Desde entonces, la prótesis no ha dejado de evolucionar, pasando de la electrónica a la analógica y luego a la digital.

El audioprotesista es un profesional que se ocupa de la corrección de las deficiencias auditivas mediante elementos electromecánicos o mecánicos que reducen el problema.

El término consta del prefijo *audio-*, que procede del latín *audire*, que significa «escuchar», y protesista, del latín retórico *thesis*, tomado del griego, que significa «acción de poner», hecho de encontrar una posición fija y del latín, tomado del griego *pro*, que puede significar «en lugar de», «colocado delante de» o «precedido por».

Simbolismo

Podríamos pensar que al profesional no se le escuchaba de niño porque su voz no tenía peso, o que alguien con una discapacidad auditiva no le oía.

Puede que se haya sentido frustrado por no poder transmitir un mensaje con su voz a través del oído a una o varias personas y quiera solucionarlo.

O es posible que haya tenido un progenitor con sordera profunda, ya sea de nacimiento o por accidente, cuya audición ha sido irrecuperable.

Para él, el hecho de poder oír o ser oído es primordial.

También puede ser un hijo de sustitución de un niño o un adulto fallecido, que continúa su misión «sustituyendo un sentido muerto», como si él mismo pudiera ser la prótesis de alguien que sufre una carencia…

Muchas personas sufren por no poder oír la voz de un ser querido desaparecido; el profesional puede ser una prótesis simbólica que coloca prótesis a los demás para que puedan volver a oír.

Por otro lado, el dicho «a palabras necias oídos sordos» demuestra que podemos «cerrar» los oídos y dejar de oír a una persona, sus palabras duras, violencia... El audioprotesista nos ayuda a oír que podemos volver a escuchar con seguridad cosas y palabras bonitas.

20. Auxiliar de enfermería

Papel e historia

En colaboración con el enfermero y bajo su responsabilidad, el auxiliar de enfermería proporciona cuidados preventivos, de mantenimiento, relacionales y de educación sanitaria para preservar y restablecer la continuidad de la vida, el bienestar y la autonomía de la persona.

La palabra «auxiliar» procede del latín *auxiliāris*, que significa «ayudar», «aliviar».

El acto de cuidar significa ocuparse del cuerpo en todos sus aspectos materiales, desde los más básicos hasta los más complicados. Al mismo tiempo, no había que descuidar la vertiente psicológica, ya que cuidar también significaba «preocuparse» o «inquietarse».

Simbolismo

El auxiliar forma parte del personal de enfermería, al ayudar y relevar al cuidador para facilitar su trabajo. Ser auxiliar de enfermería puede significar que la historia de la persona incluya antepasados que pueden haber ayudado a los cuidadores durante guerras, masacres o acontecimientos físicamente traumáticos.

También puede ser al revés, con antepasados que no tuvieron la suerte de recibir cuidados y que pueden haber quedado discapacitados o haber fallecido. De este modo, los descendientes reparan ayudando a cuidar a todos los que pasan por dificultades.

Es interesante observar con qué personas trabaja el auxiliar para establecer un paralelismo: niños, ancianos, discapacitados, embarazadas...

Ser auxiliar puede significar una ilegitimidad familiar para serlo. Quizá un antepasado no pudira aprobar sus estudios de medicina o enfermería y sólo pudo convertirse en la «ayuda».

Sería interesante averiguar si en los ascendientes, una persona no habría negado su condición a costa de salvar a otra persona. En cuyo caso, la descendencia podría pensar primero en cuidar de los demás antes que de sí misma.

21. Auxiliar de vida social

Papel e historia

Un auxiliar de vida social se encarga de ayudar a una persona con dificultades, enferma o dependiente. Acompaña a la persona a llevar a cabo las tareas de la vida diaria y también le proporciona apoyo moral en la vida cotidiana.

Auxiliar procede de la palabra latina *auxiliarius* que significa «que viene a ayudar», de *auxilium* que significa «ayuda».

El auxiliar, sea cual sea el oficio, es el que ayuda, asiste, suplanta. Fue a principios del siglo XX cuando empezó a formalizarse la ayuda a domicilio a las familias, que antes se basaba en la caridad cristiana. En 1920 se creó la profesión de asistente familiar.

En Francia, por ejemplo, el decreto del 9 de mayo de 1949 formaliza la profesión de trabajadora familiar. En 1998, el certificado de trabajadora familiar se convirtió en diploma del Ministerio francés de Asuntos Sociales. En 1999, la trabajadora familiar es un técnico de intervención social y familiar: TISF.

Simbolismo

El auxiliar de vida social tiene, sin duda, una misión de rescate. Debe acudir al rescate de las personas en situación de fragilidad para ayudarlas en su vida cotidiana, lo que le permite ser, a la vez, su muleta y recibir reconocimiento.

Es posible que él mismo no haya tenido ayuda ni consideración en su infancia. Ser auxiliar significa acompañar a una persona importante sin ser indispensable.

Es posible que su familia haya sido puesta a prueba para encontrar su lugar en la sociedad, que sus miembros hayan estado al servicio del estado, al lado de personas importantes o incluso a su sombra.

Ha sido capaz de dejarse humillar y encontrar consuelo en familiares con dificultades, como abuelos o enfermos, lo que le hacía sentirse útil.

Un auxiliar social puede olvidarse de sí mismo para recomponer su pasado conjugando su historia con la de una persona importante.

En su historia también puede haber antepasados en dificultades que no hayan sido atendidos, de manera que solventa esta injusticia cuidando de los que están en apuros.

22. Banquero - Banquera (empleado/a de banca)

Papel e historia

La función del banquero es dirigir, administrar o gestionar un banco o una entidad de crédito, y el empleado de banca procesa las transacciones bancarias y tiene contacto directo con los clientes.

Se dice que la palabra «banco» procede del francés antiguo *bank,* y ésta del germánico *banki.* Como en la Edad Media cada señor de una gran ciudad tenía derecho a acuñar su propia moneda, el cambista cambiaba la moneda del viajero que procedía de fuera por la que se usaba en la ciudad.

En la época de las cruzadas ya existían casas de empeño y préstamos con intereses entre los comerciantes de cereales, pero la normativa era inexistente y había muchos conflictos.

El proceso de la banca moderna empezó entre el Renacimiento y el siglo XIX con la creación de bancos privados propiedad de familias acaudaladas. Llegó el papel moneda, se estableció la banca pública y Napoleón Bonaparte creó la Banque de France a principios del siglo XIX.

La función del banco, tal y como lo conocemos hoy en día, consiste en gestionar las cuentas bancarias, hacer crecer el dinero que hay en ellas, conceder préstamos a sus clientes y ganar dinero del mismo modo que cualquier otra empresa.

Simbolismo

Dos líneas principales están presentes en la simbología de los banqueros o empleados de banca: el dinero y el amor. Françoise Dolto demostró que un niño privado de afecto y amor puede morir, y si no tenemos dinero para alimentarnos, ocurre lo mismo.

El dinero y el amor son dos energías materiales que funcionan juntas y se sustituyen entre sí. Si no sé cómo dar amor, doy dinero. Si no tengo dinero que ofrecer, lo reemplazo por amor. Puedo hacer pagar la falta de amor…

Por tanto, cabe imaginar que en la familia de este profesional falta el amor o el dinero.

Hay otras dos líneas principales en esta operación: o lo regalo concediendo préstamos, o lo conservo invirtiéndolo para que crezca.

La familia puede haberse quedado sin dinero porque era pobre o porque alguien lo ha despilfarrado. En este caso, el banquero es el guardián de la tesorería y se asegura de que no se haga un mal uso del dinero. Cuenta, vuelve a contar y cuenta de nuevo con el único fin de asegurarse. Si tiene suficiente para comer y un techo bajo el que cobijarse, todo va bien.

Pero también puede haber habido mucho pudor o falta de sentimientos. Lo cual no quiere decir que no existiera amor, sino que no sabían expresarlo. Sentirse amado es un sentimiento extremadamente tranquilizador, igual que tener una cuenta bancaria saneada. Por lo tanto, si no se ha demostrado que me quieren, es posible que no me sienta merecedor de amor y tendré que buscar sentirme querido y seguro de mí mismo de otras maneras. Me convierto en el guardián del dinero del amor de otras personas y mimo ese dinero para que la gente se sienta segura. También lo presto, poco, mucho, pero me lo tienen que devolver y, a ser posible, con intereses para que yo también pueda beneficiarme de él.

El banquero busca en su profesión el cariño y el reconocimiento que no ha tenido o que no circula en la familia, y gestiona cuentas bancarias que quizá no hayan estado en su clan. Una pesada carga…

23. Barman

Papel e historia

La profesión de camarero es una profesión reciente que existe desde el siglo XX. Es un empleado de bar que recibe a los clientes, prepara y sirve cócteles y bebidas calientes.

También prepara bebidas frías, así como platos sencillos, como bocadillos, sándwiches y helados. Utiliza una técnica llamada mixología, o el arte de mezclar bebidas para elaborar cócteles.

Al barman «de verdad» también se le puede llamar «mixólogo». Este término designa únicamente a aquellos profesionales formados en escuelas de hostelería o cursos de formación especializados y que cuentan con un conocimiento preciso de los ingredientes y su función. Los cócteles se generalizaron a finales del siglo XVIII en Inglaterra y Estados Unidos. Alcanzaron notoriedad durante la Ley Seca en Estados Unidos en la década de 1920, cuando se añadía otra bebida para enmascarar el sabor del alcohol de mala calidad.

El término toma del inglés *man* que significa «hombre», así como bar, con el sentido de «chico de bar». También se utiliza en el caso de las mujeres añadiendo la palabra inglesa *maid,* que se emplea para referirse a una sirvienta, a veces una señorita al servicio de...

Simbolismo

Existen dos puntos importantes:

• Alcohol.
• La mezcla.

En la familia del barman puede haber una mezcla de gente de fuera. «Mixology» demuestra que es posible mezclar y conseguir un buen resultado. Esta familia puede haber sufrido racismo o rechazo, ya sea por sus orígenes, su religión, su estatus social...

Como el alcohol es fundamental en la profesión de camarero, pueden existir antecedentes de alcoholismo en la familia. Por lealtad familiar, el barman puede seguir trabajando con alcohol, pero sirviéndolo a los demás, no necesariamente consumiéndolo.

También se encuentran los antepasados de los contrabandistas de alcohol. El alcohol de contrabando no era siempre de calidad y se mezclaba con otras bebidas para ocultar su sabor; el cóctel, que podía ser bueno, seguía siendo un fraude.

También existe la noción de proporcionar felicidad sirviendo alcohol. Dado que el alcohol tiene una connotación de compartir, de celebración y de reunión, el barman calienta los corazones de la gente sirviendo bebidas agradables, incluso estéticamente bellas en el caso de los cócteles de colores. El profesional puede proceder de una familia triste donde la gente no ríe demasiado, y su trabajo consiste en poner un poco de alegría en las copas.

24. Basurero - Basurera

Papel e historia

El recogedor de basuras también es conocido como empleado de la limpieza urbana. Es una persona a quien le ha empleado una autoridad local o una empresa para recoger residuos y, a veces, transportarlos hasta el punto de procesamiento.

En la Francia del siglo XIX, por ejemplo, los basureros formaban parte de la compañía de caminos y puentes, y su trabajo consistía en retirar el barro y la basura.

En 1883, el prefecto del Sena, Eugène Poubelle, promulgó un decreto prefectoral por el que resultaba obligatoria la recogida de basuras en París y sus alrededores. A raíz de esta decisión, dio su nombre a los contenedores en los que se recogía la basura.

Simbolismo

Cabe imaginar que esta profesión, que no es necesariamente una vocación, llega para servir a su historia.

El basurero limpia, se deshace de la basura y limpia la ciudad o la empresa para la cual trabaja.

Pueden existir situaciones en las que, en su historia, en su familia, es necesario limpiar o sanear. Puede haber sucesos «sucios» que tuvieron lugar en la familia de sus antepasados y que han permanecido ocultos a lo largo del tiempo como secretos colonizando la historia y la descendencia.

El basurero limpia y saca fuera lo que haya podido quedar estancado dentro de su familia. Puede que en su historia haya sufrido hechos traumáticos relacionados con el barro, como inundaciones, corrimientos de tierra, entierros o accidentes. Como reparación, recoge la basura y limpia.

25. Bibliotecario

Papel e historia

El bibliotecario desempeña varias funciones. Bajo la dirección del conservador de la biblioteca, primero debe realizar una selección de obras escritas o musicales que puedan interesar a los usuarios.

A continuación, debe recibir al público, orientarlo en función de sus peticiones, gestionar el préstamo de los fondos de la biblioteca y clasificar las obras. También es responsable de la conservación de los fondos de la biblioteca y de crear actividades sobre diversos temas para el público. Es el alma de la biblioteca.

La palabra biblioteca procede del latín *bibliothēca*, y ésta del griego *bibliothekē*, que significa «habitación o mueble que contiene libros».

Es de suponer que, a lo largo de los tiempos, las personas se han encargado de cuidar de la palabra escrita, sea cual sea ésta. La función del bibliotecario es, pues, clasificar y conservar los libros, ya sea para no olvidarlos o para transmitir información.

Simbolismo

Dado que la escritura es el principal medio de comunicación que representa la lengua, es el anclaje de los datos desde su aparición. La escritura sirve así de memoria ancestral y transmite un pasado con toda su historia.

La misión del bibliotecario es conservar para transmitir. Él no oculta, da al otro la posibilidad de saber.

Puede proceder de una familia con muchos secretos y cosas no dichas, quien, en desagravio, las revela. Puede ser una familia muy religiosa, en la que la Biblia es importante y sus escritos se respetan al pie de la letra, o, por el contrario, puede tener antepasados que han despreciado la religión atacándola, de ahí la necesidad de ponerla a salvo.

El profesional puede haber carecido de libros y de lectura en su infancia, lo que puede haberle generado frustración, una falta de cultura que puede haberle mostrado inferior en comparación con los demás. Los libros aportan conocimiento, algo que puede compensar dedicando su vida a los libros y al aprendizaje.

Al contrario, puede que fuera su única vía de escape de niño y que siga viajando enseñando a otros a hacerlo también. Aunque las palabras estén encerradas en los libros, su lectura puede proporcionar una libertad inmediata.

También puede proceder de una familia de eruditos cuyos libros o documentos históricos familiares fueron quemados o robados durante la revolución o las guerras. Perder algunos de los escritos ancestrales provoca un vacío y un trauma que pueden condicionar a una persona a conservar todos los escritos y abrirlos a los demás, ya que a veces pueden desaparecer en un abrir y cerrar de ojos.

Dado que la madera constituye, en parte, la base del papel, en el bibliotecario se pueden encontrar antepasados que tenían bosques o que trabajaban la madera para que se perdiera.

Entrar en contacto con los libros nos aproxima a la naturaleza, porque al igual que la madera o el mármol, el papel es un material noble para muchas personas.

Y luego, el profesional, que además de ser el guardián del templo, que es su biblioteca, tiene la misión de saberlo todo. Selecciona, clasifica, aconseja y guía. Al igual que un libro es la memoria de lo que está escrito en él, el bibliotecario es la memoria de todos los escritos de su lugar de trabajo. Si en su infancia careció de reconocimiento, este trabajo le permite ser reconocido gracias a su capacidad para guiar a otros en sus investigaciones. Él ilumina el camino de quienes buscan lo suyo en la biblioteca.

26. Biólogo

Papel e historia

El biólogo trabaja sobre todo en un laboratorio. Realiza investigaciones, estudia diversos organismos vivos, comprueba datos biológicos, valida análisis, etc.

El término «biología» está constituido por las palabras griegas *bios*, «vida» y *logos*, «ciencia», «discurso», «estudio». El biólogo es la persona que estudia la vida.

Aunque la historia de la biología se remonta mucho tiempo atrás en el tiempo a los descubrimientos de la vida, la profesión de biólogo no apareció hasta el siglo xx.

Simbolismo

En esta profesión existe una gran noción de la vida. El biólogo puede haber tenido en su historia personas víctimas de virus, como la peste, la gripe o la poliomielitis, y dedica su vida a encontrar soluciones para combatir estos venenos.

Puede tener uno o varios antepasados a quienes no les detectaron a tiempo una enfermedad y murieron a consecuencia de ello. Está ahí para permitir a las personas descubrir rápidamente su patología en los análisis y establecer un protocolo de cuidados adaptado.

Su familia o uno de sus miembros puede haber sido salvado por una persona o medicina adecuada y, en agradecimiento y para seguir salvando vidas, el biólogo se especializa en investigación.

Por el contrario, si una persona ha muerto por falta de medicación o análisis, puede que se haya sentido impotente y quiera resarcirse dedicando su vida a encontrar soluciones para curar a la gente.

También existe la noción de participar en la supervivencia de la especie tratando de encontrar soluciones para curar enfermedades graves. Al investigador le gustaría convertirse en un buscador, pero en ocasiones se tarda toda una vida en hallar lo que se busca… o no.

27. Bisutero/joyero - Bisutera/joyera

Papel e historia

El bisutero es una persona que crea, repara, transforma y conserva bisutería y joyas. Una joya es una pieza de orfebrería que puede llevarse sobre el cuerpo, en una prenda o incluso en el propio cuerpo. El joyero es el artesano que engarza piedras preciosas, semipreciosas o perlas finas en las joyas.

El término «bisutería» proviene de la palabra francesa *bijouterie,* y ésta de . *bijou* («joya»). Según parece, esta última procede del celta *Biz,* que significa «dedo», y que, por extensión, evolucionó a *Bizou* en bretón, que hace referencia a un anillo para el dedo. Por lo tanto, se podría pensar que el término *bijou* antiguamente se reservaba a los anillos.

Durante el siglo XVI, la palabra *bijou* habría sustituido a *joyau,* que podía referirse tanto a un anillo como a otros objetos de ornamentación. Hay que recordar que el término francés *joyau* (en castellano «joya») también tiene una bella historia, ya que deriva del latín *jocus,* que significa «joya», «alegría». Hoy en día, aunque la palabra *joyau* rara vez se utiliza en francés, *joaillerie* sigue siendo de uso común.

En la prehistoria, los adornos se elaboraban casi exclusivamente con conchas o dientes de animales. Más tarde se ornamentaron con hueso, marfil o astas. En cuanto apareció el metal, y, sobre todo, el oro, en la Antigüedad, florecieron los artesanos creadores de estos nuevos adornos, los joyeros.

Existen códigos según las castas con piedras específicas dependiendo del rango.

Simbolismo

Las joyas son un símbolo extraordinario porque pueden contar una historia, sellar un amor, demostrar un signo de riqueza o realeza, significar una afiliación religiosa, de clan o dogmática, o simplemente realzar a quien las lleva. Es interesante comprobar si el joyero tiene alguna particularidad en sus creaciones y si diseña su obra para un público concreto. En cualquier caso, se trata de embellecer al ser humano o de realzar un estatus determinado.

Es posible que en su familia hayan existido mujeres a las que se despojó de sus joyas o a las que nunca se valoró. Puede vengarse de personas adineradas, amos o jefes que han menospreciado a personas de su familia que pueden haber sido «perlas» o «joyas». Hoy puede hacer que la gente adinerada pague para que las embellezca.

Los antepasados de estos joyeros también eran artesanos que creaban piezas de gala, símbolos de pertenencia a una casta determinada.

Crear objetos valiosos y brillantes también puede sacar a la luz a una familia o a algunos de sus miembros que estaban más bien en la sombra.

28. Bombero - Bombera

Papel e historia

Un bombero es una persona que pertenece al cuerpo de bomberos, responsable de la extinción de incendios y la asistencia en catástrofes.

La historia del cuerpo de bomberos empieza en la Edad Media, cuando los incendios eran difíciles de controlar. Las grandes ciudades contaban con milicias que llevaban a cabo rondas nocturnas y, en caso de incendio, sólo disponían de cubos de agua para apagar las llamas.

En los pueblos pequeños sin suministro de agua, la única forma de contener el fuego era destruir la casa por la base cortándola con un hacha. Esto se conoce como *socavar la casa,* y los hombres que hacían este trabajo se llamaban zapadores. Esta función podría explicar la palabra zapador-bombero, así como la formación militar del bombero, que debía llevar más o menos el mismo atuendo que los zapadores ingenieros, encargados de realizar trabajos de socavación, cavar trincheras en tierra del enemigo o destruir edificios enemigos.

A principios del siglo XVIII se crearon las bombas manuales, bombas de agua que facilitaban el trabajo de los hombres encargados de contener los incendios. Al artesano que las fabricaba se le llamaba bombero, y al que las utilizaba y cuidaba, guardia de bombas.

En Francia existen dos entidades en la profesión: el Cuerpo de Bomberos de París y el Cuerpo de Bomberos Militares, dependientes del ejército, y el Cuerpo de Bomberos Civiles.

En España, además del cuerpo de bomberos, en 2005 se creó la Unidad Militar de Emergencias (UME), una unidad integrante de las Fuerzas Armadas que, en caso de catástrofe o grave riesgo, está capacitada para intervenir.

Simbolismo

Tal vez el bombero tenga algún vínculo familiar con el incendio. Es posible que en la genealogía haya habido antepasados que sufrieron un incendio y que, por falta de la tecnología suficiente, lo perdieron todo o perecieron en el fuego.

También se pueden encontrar antepasados que fueron salvados de las llamas por los bomberos y cuyo agradecimiento se transmite de generación en generación. El bombero llega como agradecimiento a quien salvó a un familiar y continúa la misión de rescate. Lleva una pesada misión de rescate y un gran compromiso con su trabajo.

También es posible que un antepasado fuera pirómano y matara a gente en un incendio. En ese caso, el bombero compensa el error de su antepasado apagando incendios y salvando vidas.

Pero hay que contar con la lealtad que a veces nos hace repetir funcionamientos familiares por fidelidad inconsciente. El bombero puede tener de manera inconsciente una doble polaridad vida-muerte que le puede hacer pasar de pirómano a salvador. El bombero puede tener, sin ser consciente de ello, una doble polaridad vida-muerte que le puede hacer pasar de pirómano a salvador, lo que podría explicar esto.

29. Cajero - Cajera

Papel e historia

Se trata de una profesión que consiste en controlar la caja registradora de una empresa o de una administración. La palabra «cajero» procede del latín *capsarius,* que, a su vez, procede del latín *capsa,* que significa «caja», «cofre». Antiguamente, la caja registradora era la caja de madera en la que se guardaba el dinero.

La palabra «caja» sigue empleándose hoy en día para referirse al dinero en sus diferentes variantes.

El término cajero[7] remite inevitablemente a las grandes superficies o los supermercados. Si antes la gente compraba en pequeños comercios, donde la cajera era la persona que cobraba el producto de su trabajo, las cosas han cambiado mucho. Hoy en día, centralizamos nuestras compras en un solo lugar y la cajera sólo tiene una función: cobrar.

Simbolismo

El cajero es un intermediario entre el cliente y la empresa para la que trabaja. Se encarga de cobrar las compras de sus clientes y guardarlas en una caja (la caja registradora) para, después, pasarle la recaudación a su jefe.

Puede proceder de una familia en la que las personas no pudieron cobrar o no pudieron quedarse con el dinero que era fruto de su trabajo. Repara cobrando y asegurando el dinero recibido porque debe rendir cuentas.

Su familia puede haber sufrido por no saber «llevar las cuentas» y por falta de dinero. Ella es la base del contable y banquero; recoge, cuenta y pasa a la caja fuerte.

El dinero es el primer elemento que es la base de nuestra seguridad. Si no lo tenemos, no podemos comer ni vivir. El amor es el segundo; un niño que recibe amor está seguro de su persona. Sentirse amado es la base de nuestra seguridad en nosotros mismos. El otro elemento seguro en una familia es el padre. Él es quien debe proporcionar seguridad a su familia consiguiendo dinero para vivir y protegiéndoles de cualquier agresión. Estos tres elementos transmiten la misma energía de seguridad.

A la vista de estos resultados, es posible que a la cajera le faltaran uno o varios de estos elementos constitutivos. Cada vez que recoge dinero, una parte de amor y seguridad acompaña su gesto. Además, ella se convierte en el elemento de seguridad porque es la guardiana de

---

7. Recordatorio: Nota de la autora: Para facilitar la escritura, las ocupaciones no siempre se escriben en género masculino y femenino. Por favor, no lo tengas en cuenta, no hay sexismo ocupacional en este libro.

lo que entra en su caja. Es su forma de ser reconocida como persona, sus capacidades y sus habilidades.

También se puede tener este oficio en reparación o en lealtad de un enfermo, o incluso de un alcohólico de su familia.

«Se prendre une caisse» (tomarse una caja) significa emborracharse. Puede emborracharse estando sobrio.

¿Quién ha pasado por caja en el pasado? ¿O cuál de sus antepasados tenía una caja registradora tan grande que pasaba allí la mayor parte del tiempo?

30. Camarero - Camarera

Papel e historia

Un camarero es un empleado cuyo trabajo consiste en servir a los clientes en los restaurantes o cafeterías. También puede ser polivalente en pequeños comercios, poniendo y sirviendo mesas o limpiando la zona de recepción de clientes.

El verbo «servir» procede del latín *servíre,* tal vez relacionado con siervo (de servir). El *siervo,* resultado de la abolición de la esclavitud por las Naciones Unidas, sigue siendo una persona que trabaja la tierra de otra, a cambio o no de una remuneración, y que no puede modificar la naturaleza de su estatus.

El camarero sirve poniéndose al servicio del otro, recogiendo la mesa (o perjudicando a alguien), y es servil si depende de una persona. Servir a veces el postre…

Simbolismo

El vínculo con la esclavitud o la servidumbre está muy presente en esta profesión.

El servidor puede haber tenido antepasados esclavos o esclavistas. Puede continuar o reparar un estado sin ni siquiera ser consciente de ello.

Puede haber tenido antepasados que eran siervos o sirvientes y que ganaban poco o nada a cambio, y lo compensa continuando sirviendo pero a cambio de una retribución.

Puede que haya sido un niño criado para servir a sus padres, a veces bajo pena de malos tratos, y piense que eso es todo lo que puede hacer como trabajo. Porque a veces el que es servido está lleno de vicios. Servir también puede aportar reconocimiento, incluso de amor. El camarero puede haber pasado por alto estas dos construcciones de niño y tal vez busque llenar este vacío sirviendo a los demás. El que sirve también puede ser el que sirve a todo en la familia. El camarero puede estar al servicio de un jefe, pero también al de sus padres, sus hermanos, su familia, incluso «el mundo entero».

31. Campesino - Campesina

Papel e historia

El agricultor profesional es una persona que vive en el campo y ejerce una actividad derivada de la tierra y/o la ganadería, de la que obtiene beneficios y un salario.

El campesino ha sido una persona de la que se ha abusado a lo largo de los siglos, a pesar de que era, y sigue siendo, la base de la cadena de suministro de alimentos mediante el cultivo y la cría. Es un «artesano» de la tierra que, como todos los artesanos, se halla en la base de nuestra construcción porque posee el arte de arar la tierra, sembrar, cosechar, alimentar a los animales, criarlos para que los habitantes de las ciudades puedan disfrutar de ellos, y porque dedica toda su vida a su profesión.

Hoy, gracias a la conciencia colectiva y al retorno del buen vivir, el buen comer, la ecología y el ecoconsumo, el agricultor reivindica su actividad con fuerza y sensatez, lo que favorece a mucha gente.

La noción de que el agricultor carece de «cultura» se ha derrumbado ante el conocimiento y el razonamiento sensato de quienes conocen su tierra mucho mejor que quienes sólo conocen sus oficios.

Simbolismo

El campesino representa la base del cultivo y la cría en general. Necesita conocimientos para cultivar, y su cultura le permite alimentarse. Puede proceder de una familia a la que le hayan faltado conocimientos, alimentos o descendencia. Debe estar al principio de la alimentación del cuerpo o del espíritu, ya sea para continuar un patrón familiar o para reparar una incapacidad de plantar una pequeña semilla y hacerla germinar. El conocimiento, la alimentación y la procreación pueden constituir la base de esta profesión...

También puede proceder de una familia en la que el cultivo de la tierra salvó a sus miembros durante la guerra o el hambre.

Existe entonces la misión de continuar en caso de que se repita la misma situación.

Plantar la «semillita» es la base de la vida y, para el agricultor, ya sea en la tierra o con los animales, es un reinicio eterno.

Siembras, cosechas y de la cosecha obtienes semillas que vuelves a sembrar. La continuidad familiar es fundamental, ya que mientras la familia crezca, estaremos vivos.

Los campesinos son las personas que se quedan en el campo, en el pueblo, para que crezca y fructifique, para poder alimentarse y alimentar a sus semejantes, porque han comprendido que todo empieza por la cultura, el cultivo, que procede del latín *cultura* y que significa «habitar», «cultivar», «honrar». Porque honrar la tierra del propio país es habitarla con orgullo.

32. Cantante

Papel e historia

Un cantante es una persona que utiliza su voz para producir un sonido apoyándose en la letra de una canción. No hay que confundir a un chantajista con un maestro del canto, ya que *chanteur* en francés es más bien alguien que chantajea a otra persona. El chantaje es una forma de obtener algo bajo amenaza.

La palabra «cantante» procede de «cantar» y el sufijo «-nte».

Parece que el canto ya estaba presente en el Paleolítico, pues se han encontrado huesos agujereados que datan de esa época. El canto podría haber sido un medio de comunicación utilizado por los humanos desde épocas muy remotas (teoría del «musilanguage» del musicólogo Steven Brown).

Simbolismo

Se dice que la música amansa a las fieras. Posiblemente los antepasados del cantante fueran acróbatas o trovadores que cantaban para cautivar. Pero incluso en aquella época, las canciones podían transmitir mensajes importantes y lo que no se podía decir con palabras a veces se transmitía cantando. Cabe imaginar que en la familia del cantante era más fácil cantar que hablar.

En respuesta al chantajista, el cantante también puede cantar lo que piensa la gente en voz alta. Por tanto, es asimismo una forma de desafiar la prohibición de decir ciertas cosas, como si cantar permitiera todas las formas de expresión.

Es posible que al cantante de niño le impidieran que dijera su opinión constantemente: no sabes de lo que hablas, cállate, hablas demasiado, no entiendes nada… así que eligió un medio de expresión con una musicalidad que le permitiera ser escuchado y tal vez reconocido.

33. Carnicero - Carnicera

Papel e historia

El carnicero es un artesano que prepara y vende la carne que compra al ganadero, al mayorista, a las cooperativas profesionales o a los mataderos. Su función es almacenar, cortar y preparar las piezas de carne para ofrecérselas a sus clientes. Además de sus conocimientos técnicos, el carnicero también puede ser un tendero que se encarga de vender sus productos.

El término procede de *carniza* y el sufijo *-ero.*

Simbolismo

El carnicero tiene una relación directa con los alimentos, pero a diferencia del agricultor, que siembra y cuida una planta hasta cosecharla, éste trabaja con los animales.

Es posible que en su genealogía hubiera personas que padecieran hambruna y que, en concreto, carecieran de carne con la que sustentarse.

El carnicero puede acabar con la pobreza concediendo a la familia el derecho a alimentarse «como los ricos».

Es posible que haya asumido un estatus social elevado para compensar cierta pobreza, porque en el pasado el oficio de carnicero era una profesión noble que se reservaba a los privilegiados.

El carnicero puede haber tenido un antepasado que ejercía como verdugo y responder «matando con un propósito», es decir, quitar una vida para alimentar a sus congéneres desdramatiza el acto de matar.

Puede existir una lealtad inconsciente a «una carnicería», es decir, una masacre de seres humanos, ya sea con antepasados víctimas o verdugos.

34. Carpintero - Carpintera

Papel e historia

El oficio de carpintero existe desde la antigüedad. Dos personajes del Antiguo y del Nuevo Testamento eran carpinteros, José y Noé.

Noé construyó un arca, un barco, para salvar a todos los animales de la creación y se convirtió así en el patrón de los carpinteros marinos. A veces, el carpintero es también leñador en el campo, y el maestro carpintero, arquitecto, que diseña y crea la obra.

Hay carpinteros de «hacha grande», que hacen piezas grandes, suelos, armazones, andamios, etc., y carpinteros de «hacha pequeña», especializados en obras pequeñas, que más tarde se convirtieron en carpinteros. El carpintero sería el más antiguo de los trabajadores de la construcción, ya que las primeras casas tenían tejado antes que paredes.

El término «carpintero» procede del latín tardío *carpentarius*, y éste deriva del latín *carpentum*, «carro en forma de cesto», voz de origen celta.

Simbolismo

Es posible que en la historia de la familia del carpintero haya habido un carro (en la antigüedad, se utilizaba sobre todo para los juegos o la guerra) que perdió su estructura, se inclinó, tal vez cayó y dejó en apuros a sus ocupantes.

Una persona de huesos fuertes también representa a alguien con una estructura ósea fuerte. Es posible que en la familia hayan existido antepasados con debilidad física o enfermedades en los huesos, o con la columna vertebral desviada.

El armazón también sirve para sostener o cubrir un edificio. En la historia del carpintero puede haber habido alguna casa que se derrumbara o cuyo tejado quedara destruido y las repercusiones fueran terribles. De ahí la misión de construir estructuras sólidas en la descendencia.

35. Carpintero - Carpintera (suelos, puertas, ventanas)

Papel e historia

El carpintero es un artesano que trabaja tradicionalmente la madera. Construye puertas, ventanas, suelos de parqué, carpintería en edificios, muebles y asientos.

Se le puede llamar ebanista si utiliza chapa o marquetería para el acabado de sus creaciones (véase *ebanista*). En la Edad Media, el carpintero maderista era el que trabajaba en pequeñas piezas de madera también denominadas madera pequeña. Este trabajo lo distingue del carpintero. La diferencia entre un carpintero de muebles y un carpintero de obras, que trabajaba exclusivamente en la construcción, se estableció más tarde, después del Renacimiento.

Hoy en día, aunque el carpintero trabaje con máquinas y materiales nuevos, se siguen utilizando técnicas que existen desde la antigüedad. Pero en cualquier caso, el carpintero debe mostrar siempre meticulosidad y sentido de la estética, de manera que sigue siendo un artesano y un artista.

La palabra «carpintero» procede del latín tardío *carpentarius*, y éste del latín *carpentum,* «carro en forma de cesto», voz de origen celta.

Simbolismo

El carpintero es un artesano. Se podría pensar que en la familia de este profesional ha habido creadores o artistas de todo tipo y que es importante continuar el patrón familiar.

Puede proceder de una familia en la que se denigraba el trabajo intelectual y seguir una exigencia familiar inconsciente que sitúa el trabajo manual en un pedestal.

Por el contrario, el carpintero podría tener su origen en una familia intelectual en la que el trabajo manual se considera inferior, y éste se rebela contra este valor familiar reinvirtiendo en la artesanía. La artesanía se basa en la destreza del hombre dentro de su experiencia. Está ahí para demostrar o rehabilitar el hecho de que el hombre necesita confiar en sus propias habilidades manuales para evolucionar o salir adelante.

Como la madera es una especie noble por naturaleza, quizá acabe con la falta de estatus familiar trabajando con un material valioso que también le proporciona estatus.

Puede que en su familia hayan faltado muebles o pequeños objetos necesarios para la vida cotidiana y él repara creando y fabricando todo aquello que resulta útil para las personas.

«Amueblar» donde puede existir un vacío.

También puede estar continuando una tradición familiar de carpintería o el oficio de alguno de sus antepasados, que ya era reconocido en su época. Los carpinteros eran la base del mobiliario y sin ellos era complicado tener una cama de verdad, un armario, una mesa y las sillas, todo ello la base del diseño interior de la casa.

El albañil construye el exterior, mientras que el carpintero ayuda a llenar el interior y a conseguir el bienestar de las personas. Amuebla, decora, pone su arte al servicio de las personas para que se sientan bien en casa.

36. Carrocero - Carrocera

Papel e historia

El trabajo del carrocero o chapista consiste en reparar y/o repintar la carrocería de un vehículo.

Antiguamente, los carreteros construían carruajes tirados por caballos y conducidos por cocheros. Éstos no estaban completamente cerrados. Hubo que esperar a la construcción del carruaje para disponer de un interior cerrado y más confortable para el transporte de pasajeros. La persona que construía el carruaje recibía entonces el nombre de carrocero.

El término «carrocero» también se utilizaba para referirse al conductor del carruaje, o incluso al caballo que formaba parte de éste.

Aunque la industria de la carrocería es muy antigua, las profesiones de carretero y carrocero no se reconocieron hasta alrededor del siglo XVII.

Simbolismo

Es posible que en esta familia haya habido carreteros o carroceros hace mucho tiempo y que el profesional nunca los haya conocido.

Se dedica a mantener viva una profesión familiar.

En el pasado, miembros de la familia del carrocero poseían carruajes que ya no se podían conducir por falta de reparaciones. Puede suplir esta carencia restaurando vehículos dañados o estropeados.

La carroza podría representar un estatus social que sus antepasados no tuvieron. El carrocero puede haber elegido este oficio que simboliza la construcción de vehículos para hacer patente que en esta familia siempre habrá alguien que construya, renueve o repare vehículos.

Tal vez en un autobús o un vehículo de gran tamaño perteneciente a la familia, un miembro resultara destrozado, apaleado o golpeado, ya sea por personas o en un accidente, y es posible que esto haya causado un gran trauma familiar. Un miembro de la familia tuvo que reparar y acondicionar todos los vehículos dañados o rotos para borrar las huellas del suceso.

Puede que en esta familia siga existiendo la pasión por las «bellas carrocerías» entre los amantes de los coches, los corredores de coches y los entusiastas del automóvil.

No olvidemos al niño al que se le ha roto su coche de juguete, intencionadamente o no, y que se habrá sentido frustrado, triste o enfadado por no poder jugar con él o repararlo. Si era su único juguete o su juguete favorito, es comprensible que hiciera de este trabajo su cuarto de juegos.

37. Cartero - Cartera

Papel e historia

El cartero es un empleado de Correos que se encarga del correo, las cartas, que reparte a particulares y empresas.

El término «carta» procede del latín *carta,* «papiro», «papel», y éste del griego *chártēs.*

Simbolismo

El cartero, que es quien reparte el correo, puede estar compensando el hecho de que su familia no haya recibido una carta a tiempo, o que no se haya enterado de un hecho concreto porque no había reparto de correspondencia en ese momento.

El cartero es el vínculo entre las familias, las empresas y los clientes, el estado y los individuos. Él puede restablecer un vínculo que no existe en la familia. Los miembros pueden haber estado distanciados, enfadados, y él puede reparar esta situación convirtiéndose en el mediador, el que mantiene el hilo entre las personas.

A menudo, en el campo, el cartero es la única persona que visita a los ancianos y es el único vínculo en sus vidas. Es la persona que reparte el correo, el portador de mensajes escritos. Puede que en la familia haya pocas conversaciones y que los únicos mensajes que se transmitan entre ellos sean los escritos. Puede que el cartero haya sido una persona afectuosa con sus abuelos y que continúe con esta pauta.

El cartero es el que entra en acción durante un instante para dar vida a las personas.

38. Cirujano - Cirujana

Papel e historia

Los cirujanos intervienen en todas las disciplinas médicas que requieren incisiones o suturas.

El «cirujano» es la persona que ejerce la cirugía, término que procede del latín *chirurgĭa,* y éste del griego *cheirourgía.* También cabe señalar que en griego la palabra significa «trabajo manual», lo que determina que un cirujano trabaja con las manos…

Por otro lado, en la Edad Media, los médicos consideraban inferiores a los cirujanos porque eran trabajadores manuales. En aquella época, el médico hacía el diagnóstico, pero no era él quien curaba las heridas ni vendaba las fracturas. El cirujano, en aquella época, no era considerado una persona importante.

Simbolismo

Si tenemos en cuenta que el cirujano era más bien un «artesano del cuerpo», podemos pensar en poner al mismo nivel el trabajo manual y el intelectual. El cirujano puede haber tenido antepasados que vivieron guerras y que operaron a los heridos.

A su vez, puede rehabilitar a un antepasado que haya sido menospreciado por uno o varios médicos, o demostrar que, sin el cirujano, el médico tiene poco poder para curar determinados traumatismos.

Puede resarcirse de que algunos de sus antepasados hayan muerto por falta de atención quirúrgica, ya que en la Edad Media los eclesiásticos, que no consideraban la cirugía una profesión noble, la dejaban en manos de barberos, herreros o sacamuelas.

En el término francés *chir-urgie* («cirugía»), existe una noción de urgencia, como si el cirujano fuera la última persona capaz de salvar una vida. Tiene la importante misión de salvar a la otra persona, la urgencia de repararla. Este «mecánico» del cuerpo es el único que puede evitar la muerte en numerosos casos. También puede reparar a un antepasado que dio su vida.

En esta profesión se disfruta de un gran poder, ya que tener la vida de otros en tus manos no carece de sentido. Poder o no poder reparar o mantener con vida otorga a quienes desempeñan este trabajo una responsabilidad descomunal. Puede que haya habido jueces en esta familia… pero en la época en la que aún existía la pena de muerte…

39. Cocinero - Cocinera

Papel e historia

La palabra «cocinero» procede del latín *coquinarius*. En la Edad Media, la cocina carecía de delicadeza y se trataba sobre todo de cocinar platos contundentes.

La función del cocinero es, por supuesto, cocinar, pero sobre todo preparar platos mezclando alimentos animales, vegetales y especias. Esta profesión se ha convertido en un arte con sus propios códigos, entre ellos las estrellas Michelin, que reconocen la calidad de la mesa de los grandes cocineros.

Simbolismo

Existen dos hipótesis respecto a esta profesión:

- El cocinero puede haber sufrido malnutrición, mala cocina o problemas alimentarios en la infancia o en miembros de su familia, o incluso es posible que sus antepasados carecieran de alimentos o de diversificación en la alimentación. Según su posición, puede hacer este trabajo para llenar platos vacíos o para hacer de un plato una obra de arte. Es como si la comida no fuera sólo para el cuerpo, sino también para los ojos. El cocinero proporciona placer porque para él un plato aporta alegría, calor y consuelo.
- Esto nos lleva al segundo simbolismo de la artesanía: el vínculo con la primera persona que alimenta: la madre.

La persona que se gana la vida cocinando está muy unida a la madre de acogida o a la persona que ha desempeñado ese papel. O bien la madre ha estado ausente y la niña ha seguido necesitando comida, o bien le resulta difícil desvincularse de ella y se acerca a ella cada vez que cocina.

Puede que se alimente porque no ha sido alimentada como quería. Puede proporcionar placer con la boca porque no ha mamado de su madre ni ha tomado el biberón con gusto, lo que le ha provocado una gran frustración.

El cocinero tiene el deber de alimentarse bien. Quizá en su historia existieran antepasados que murieron de hambre o fueron envenenados.

40. Comadrona

Papel e historia

La comadrona, también llamada matrona, es una profesional sanitaria que acompaña a las mujeres embarazadas antes, durante y después del parto. Desde la antigüedad, la comadrona ha ocupado un lugar importante en la sociedad. Su papel, a la vez médico y social, la ha convertido en la primera protectora de madres e hijos.

Aunque su misión es siempre la misma, ha recibido diferentes nombres a lo largo de los siglos. Ha sido sacerdotisa, dadora de vida, druida, lavandera, recolectora, ventera, matrona, partera y luego comadrona. Es una de las primeras profesiones ocupadas mayoritariamente por mujeres y tal vez la más conocida en las comunidades humanas desde la antigüedad.

La comadrona es la mujer que, llena de sabiduría, enseña a la mujer a ser madre. Esta formación está abierta a los hombres desde finales del siglo pasado, pero su número es muy reducido en la profesión.

El término «mayéutica», que aún se utiliza hoy en día, procede del griego *maieutikós*, «perito en partos», y es el equivalente de obstetricia, que procede del latín *obstetricia*, que significa «propio de la comadrona». La mitología nos habla de Maya, la diosa romana de la fertilidad, de quien se dice que nos dio la palabra, mayéutica.

Simbolismo

No cabe duda de que tiene algo que ver con el embarazo, el parto y el niño. La comadrona puede haber tenido un antepasado que atendiera partos, pero no necesariamente de forma legal ni en las mejores condiciones. Ella repara rehabilitando la profesión.

También puede reparar en un antepasado o antepasados «hacedores de ángeles», que ayudaban a abortar a las mujeres que no deseaban tener a su hijo. No era infrecuente que los medios utilizados para ello provocaran que la futura madre falleciera junto con el niño. Por ello, como reparación, acompaña a las mujeres hasta el final de sus embarazos o recurre a protocolos para que aborten. Puede haber tenido un antepasado que murió durante un aborto o un parto, lo que puede haberle causado un enorme trauma. Su misión es vigilar y proteger a la madre y al niño.

Es posible que no pueda tener hijos y lo compense cuidando de los hijos de otros durante el embarazo y después del parto.

Quizás en su familia haya habido historias particulares de embarazos, partos o niños que han muerto o sufrido. Puede aislarse de la maternidad para evitar vivir esas mismas historias arraigadas como traumas familiares y hacer que las cosas funcionen para los demás, o puede ser madre y demostrar con su propia historia y su profesión que todo puede funcionar a la perfección.

También es posible que hubiera niñas madres en la familia, a las que no se tenía en cuenta y a veces incluso se repudiaban. En algunas familias las encerraban en el sótano durante todo el embarazo y allí daban a luz con gran dolor.

Ser sabio significa tener la capacidad de tomar decisiones bien meditadas y emitir juicios coherentes y justos. Ésta es la misión de la comadrona.

La cuestión es si fue una niña «sabia», pues si durante toda su infancia había oído decir que no era sabia o que tenía que serlo, no sería de extrañar que este juicio la hubiera ayudado a desarrollar cierta forma de sabiduría, hasta el punto de hacer de ella una profesión.

La comadrona debe ayudar a favorecer el nacimiento del niño desde el interior de la madre hacia el exterior. ¿Se encerró a este profesional cuando no fue juicioso?

Ésta es la definición de Sócrates, un filósofo que se definía a sí mismo como mayéutico: «Mi arte de la mayéutica tiene el mismo cometido general que el de las comadronas. La diferencia es que atiende partos de hombres y no de mujeres y que vela por las almas en su trabajo de parto, no los cuerpos» (Sócrates).

41. Comisario

Papel e historia

Un comisario es una persona que forma parte de un comité o a la que una autoridad oficial encomienda una misión.

El que está comprometido sirve a la persona o empresa que lo emplea.

Se dice que la palabra «comisario» deriva del latín *commissarius,* que tiene el mismo significado, y ésta, a su vez, de *commissus*, que significa «delegado».

En Francia, por ejemplo, durante el antiguo régimen, los oficinistas eran subalternos a los que se les encomendaba tareas sencillas. Había muchos de estos empleados en las autoridades financieras y, a partir del siglo xx, se integraron en las filas de los funcionarios.

Simbolismo

En esta familia hay un cambio de estatus, el que ha podido servir como oficinista tiene un descendiente que ha subido de categoría. El comisario ostenta un estatus reconocido, independientemente del oficio al que se dedique.

Será necesario ver el oficio por el cual la persona es comisaria para analizar la necesidad con mayor precisión.

Un subastador que dirige una subasta puede proceder de una familia necesitada a la que le han quitado todos sus bienes para revenderlos, y él repara siendo quien decide en lugar de estar sometido a ésta.

Un comisario de policía ocupa el lugar del patriarca, que tiene autoridad y dirige un equipo. Puede proceder de una familia a la que le ha faltado seguridad, un padre, límites, o puede sustituir al patriarca de la familia que ha fallecido.

Un comisario de cuentas (auditor) puede proceder de una familia fracasada, arruinada, a la que han robado, y la reparación se produce supervisando las cuentas.

El comisario del ejército está ahí para aportar su experiencia en diferentes puestos militares, pero en todos los casos es él quien sostiene a la gran familia que es el ejército. Puede que busque una segunda familia porque tiene dificultades para dejar la suya, aunque también puede ser inexistente, pero repite o repara la necesidad de autoridad, seguridad y equilibrio financiero que necesita una familia para ser equilibrada y sostenible.

En todos los casos, el comisario permanece al servicio de una entidad superior.

42. Comprador - Compradora

Papel e historia
El comprador profesional es una persona cuya función consiste en encontrar y seleccionar a los proveedores y negociar las condiciones de compra.

La palabra procede del latín tardío *comparātor, -ōris*.

Simbolismo
Quizás en un principio pudiera haber personas a las que les «quitaron» (robaron) bienes o que acapararon los bienes de otros. Por tanto, el comprador puede estar en estado de reparación, negociando el valor de los bienes ajenos para no tomarlos, sino adquirirlos, de modo que se establezca un equilibrio entre los que poseen y los que compran.

El comprador también puede ser fiel a los comerciantes de su historia y repetir un mecanismo de patrón familiar. Ser comprador también ofrece cierto poder. Se puede comprar el silencio o la partida de alguien. Esto indica que se está sometiendo al otro a una decisión relacionada con el dinero o cualquier otra moneda. Es posible que haya personas en la familia a las que se pueda amordazar simbólicamente comprando una parte de sí mismas.

No olvidemos que el dinero y el amor encierran la misma energía emocional, y que uno se utiliza para llenar o sustituir al otro. La persona que compra utiliza el amor tanto como el dinero, pero lo importante para ella es poseer a cambio.

La familia del comprador debía de creer que todo tiene un precio y puede que no estuviera acostumbrada a dar. Como si siempre hubiera que merecer para recibir. Un niño que recibe amor o una recompensa sólo como compensación por su buen trabajo dejará constancia de que es necesario pagar (a veces personalmente) para recibir y llevar este funcionamiento a la propia profesión.

Si pago, merezco tener…

43. Conductor - Conductora

Papel e historia

El conductor puede tener dos misiones diferentes: ser quien dirige hombres o quien conduce vehículos.

El término procede del latín *conductor, -ōris*.

Simbolismo

Existe la idea de unir a otros a su causa: ¡con -duce! puede significar: «¡todos conmigo, el líder!».

A lo largo de la historia, las personas han guiado a otras, conduciéndolas a la libertad o a la pérdida de ésta, pero el conductor es siempre al que seguimos, el que nos guía, el que nos conduce.

El conductor puede estar en una familia en la que ha sido abandonado a su suerte, y en reparación, él es quien guía a los demás en su camino o en su trabajo.

Pudo conocer a alguien que le ayudara, lo guiara en su vida y él da las gracias guiando a los demás a su manera.

Tal vez él o su familia estuvieran mal acompañados, equivocados o conducidos por un camino que resultó ser el equivocado y decidiera confiar en sí mismo.

Ya sea conductor de vehículos o trabajador de la construcción, es posible que alguien de su familia (o él mismo) haya tenido un accidente porque alguien «conducía mal». Para evitar este tipo de tragedias, es él quien conduce.

Puede reparar un período de su vida en el que se portó mal para «redimirse» a sí mismo.

Conducir a los demás requiere que confíen en nosotros. Ésta puede ser una buena forma de trabajar la confianza en uno mismo cuando no se tiene o se ha menospreciado en su infancia.

También puede haber habido antepasados durante las guerras que fueron capaces de guiar o conducir a la gente a la seguridad o que ellos mismos fueran salvados y guiados a la libertad. En agradecimiento, el conductor guía a otros hacia la seguridad o el éxito.

44. Conductor - conductora de ambulancias

Papel e historia

Un conductor de ambulancia es un profesional sanitario que ejerce su actividad en una empresa de transporte o en un establecimiento sanitarios. Se hace cargo y transporta a personas enfermas o heridas por prescripción médica o en caso de urgencia. Trabaja con vehículos de transporte sanitario adaptados a las necesidades asistenciales y sanitarias de las personas a las que traslada.

Se dice que la palabra ambulancia procede de *ambulante*. En el siglo XVIII, la ambulancia era un hospital ambulante que se ubicaba en grandes carruajes cerca de los ejércitos para recibir y tratar a enfermos y heridos.

Simbolismo

El conductor de ambulancia tiene la capacidad de atender en cualquier lugar, como si tuviera la posibilidad de llevar el hospital hasta los pacientes.

En su historia puede haber médicos o enfermeras que recorrieron largas distancias para atender a los enfermos.

También es posible que tuviera ascendientes que no pudieran ser tratados porque no había ningún hospital lo bastante cerca y no podían acercarse a ellos. Es posible que se vieran privados de su capacidad para desplazarse.

Puede que en la familia hubiera personas que no pudieran desplazarse para recibir cuidados o realizar los trayectos cotidianos. Esta situación es posible que se viviera como una forma de confinamiento y puede haber llevado a encomendar a los descendientes la tarea de transportar a quienes ya no podían hacerlo.

El conductor de ambulancia también es un trabajador itinerante, no sedentario, que puede tener dificultades para estabilizarse. Tal vez él o su familia hayan sufrido desarraigo. En cualquier caso, su trabajo consiste siempre en ayudar a los más débiles a acercarse a los más fuertes.

Una persona privada de movilidad pudo haberse quedado en otro tiempo en su burbuja, como encerrada, y el asa es la persona que la lleva para que pueda moverse.

45. Conserje

Papel e historia

Un conserje es una persona cuyo trabajo consiste en cuidar una propiedad. Actualmente se le denomina «conserje de edificios» cuando se ocupa de un edificio residencial, pero también puede vigilar y supervisar locales comerciales.

La palabra procede del francés *concierge*, y ésta del latín *conservius*, que significa «compañero de esclavitud». Aunque ya en el Imperio romano los esclavos se encargaban del cuidado de los huéspedes, es decir de su recepción y su seguridad, su papel ha evolucionado con el tiempo. En la Edad Media, los conserjes podían ser oficiales encargados de vigilar los palacios, velar por su seguridad y, a veces, administrar las tareas domésticas. Pero, sobre todo, debían acceder y responder a todas las demandas particulares de la corte.

En el siglo xviii, la profesión de conserje, con la aparición de numerosas mansiones privadas, adquiere una importancia notoria.

La evolución de la profesión a lo largo del tiempo está marcada por una gran tradición. Los que, en las zonas residenciales, atienden a los propietarios o inquilinos se dedican a las demandas del vecindario, mientras que otros, dentro de los establecimientos hoteleros, satisfacen todas las exigencias de los huéspedes.

Simbolismo

Esta profesión encierra una gran necesidad de cuidar de los demás; es más, de ocuparse de todo. Un buen conserje debe dar respuesta a todas las necesidades de los demás. Es el que pone en contacto a la gente y aporta soluciones. Es el que todo lo ve, todo lo sabe y es muy discreto.

El control es importante al proporcionar al otro la máxima satisfacción, como si se convirtiera en una parte indispensable de su vida. La búsqueda de consideración y reconocimiento forma parte del funcionamiento, y cuanto más necesita el conserje ser reconocido como persona, más insustituible es.

Es posible que en su historia familiar haya habido personas a las que no se les dio buena información o claves para el éxito, y él lo remedia ofreciendo todo esto a los demás.

Puede que proceda de una familia de «conserjes» simbólicos en la que todos se inmiscuían en la vida de los demás y los juzgaban de un modo desfavorable. Rehabilita a los «charlatanes» en una profesión reconocida y muy solicitada.

La esclavitud que utilizaba a un hombre para servir a otro puede haber dejado su huella en la familia. Hoy, el cuidador sirve a cambio de un salario. Sus antepasados cercanos pueden haber sido sirvientes o mayordomos en casas de nobles o burgueses. Además, los conserjes solían ser recompensados con comida y alojamiento, y hoy muchos de ellos viven en una estancia llamada «conserjería», que pertenece al propietario para el que trabajan.

Puede haber sido un niño exigente al que nadie respondía, y lo compensa accediendo a las demandas de todos. El niño «invisible» se ha hecho indispensable.

¿Existe una noción de espiritualidad detrás de todo lo que le da a la gente? Bendecimos un cirio de la misma manera que el conserje hace realidad todos los deseos.

46. Contable

Papel e historia
La palabra «contable» procede del latín *computabĭlis*, que está relacionada con contar, enumerar, calcular, tener en cuenta.

El contable, cuya profesión consiste en llevar las cuentas, también tiene que rendir cuentas. Se dice que este oficio ya existía mucho antes de Cristo, y se han encontrado registros escritos de entradas y salidas de dinero en placas de arcilla o papiros. Las primeras técnicas contables llegaron de Italia con un hombre que publicó su primer tratado sobre contabilidad doble, Luca Pacioli, en el siglo xv. Sin embargo, hasta finales del siglo xix, en Francia, por ejemplo, no se creó en Francia una organización contable con el nombre de «Société de comptabilité de France».

En la antigüedad, los contables eran empleados de ricos mercaderes y banqueros. A menudo eran esclavos eruditos a los que se les confiaba la tarea de contar. También se encargaban de recaudar dinero o bienes para los ricos o para el estado.

Simbolismo

Es una buena idea buscar a la persona de la familia del contable que no sabía contar correctamente para saber qué impacto puede haber tenido esto en la familia. Se pueden encontrar personas que lo han perdido todo porque no sabían contar y no han sabido gestionarse. O peor aún, puede que su contable se haya aprovechado de ellas y las haya arruinada.

Puede haber habido quiebras, herencias en las que algunas personas fueron robadas porque no sabían contar, o antepasados que se marcharon con todo el dinero de la familia para empezar una nueva vida en otro lugar.

Si hay deudas en la familia, debe haber habido personas endeudadas, pero el nombre no está necesariamente presente en este caso.

No obstante, el contable es el garante del conocimiento y el equilibrio financieros. Puede que su familia haya vivido en la pobreza o haya pasado por grandes dificultades económicas, y será importante controlar hasta el último céntimo.

Tiene que rendir cuentas, por lo que éstas deben estar claras. Así, tiene que poner las cuentas sobre la mesa, porque la mesa es, a la vez, el mueble familiar en torno al cual se reúnen las personas para hacer sus cuentas y el lugar donde aprenden a calcular. Las tablas de multiplicar, sumar y restar fueron, para muchos niños, un calvario memorable.

47. Coreógrafo

Papel e historia

Un coreógrafo es aquella persona que compone danzas o ballets. La palabra procede del griego *choreía*, «danza en coro» y *-grafo*, «escritura», que es el arte de escribir los pasos de danza. El coreógrafo organiza el espacio y la estructura del movimiento.

Simbolismo

Tanto en poesía como en medicina, hablamos de pies y de movimientos irregulares e involuntarios, como una irregularidad, una minusvalía.

Además, la danza era un medio de comunicación fabuloso, en el que el cuerpo se ponía por delante para decir algo. Cabe pensar que el coreógrafo tenía en su familia personas con problemas de movilidad, y que para él era importante poner orden en el desorden del movimiento. También pueden existir antepasados discapacitados que ya no podían mover el cuerpo en absoluto, o tan sólo con gestos muy desordenados.

Es posible que el coreógrafo necesite demostrar que se puede transmitir un mensaje, aunque los movimientos corporales no se ajusten a una norma. Puede que exista el deseo de magnificar lo no estándar y trasladar un mensaje a través de los movimientos corporales, como si todos los lenguajes pudieran encontrarse a través de la danza.

El coreógrafo saca a la luz lo que podría parecer feo y ser despreciado. «El cuerpo es gráfico» es un comunicador que ha comprendido que el primer lenguaje, el paraverbal, es el del cuerpo. Es, en definitiva, un poeta.

48. Decorador - Decoradora

Papel e historia

Un decorador es una persona que decora y adorna el interior de una casa, un teatro o cualquier otro lugar que necesite ser decorado o realzado.

El término procede del latín *decorātor, -ōris*. Desde la noche de los tiempos, el hombre ha decorado para mejorar su hábitat, el lugar donde vive. Ya en la prehistoria, las entradas de las cuevas se decoraban con dibujos y pinturas murales.

Fue el Renacimiento el que concedió nobleza a la decoración con artistas famosos como Miguel Ángel o Leonardo da Vinci. Tapiceros y decoradores ornamentaban los interiores burgueses con muebles, utensilios y tapices de colores. A principios de la década de 1920, el arte moderno racionalizó la decoración aligerándola y haciendo que resultara accesible a las familias adineradas.

Al decorador se le llamó, primero, arquitecto de interiores, en referencia a la profesión de arquitecto creada en la década de 1930. A partir de 1946, la carrera universitaria de diseño de interiores convalidó la profesión de decorador, que es quien se dedica al diseño de interiores.

Simbolismo

La tarea básica del decorador consiste en crear una decoración fiel a una petición y embellecer un interior. Su primera tarea es componer un conjunto agradable y armonioso con el mobiliario, las luces, los colores y los materiales, pero sin tocar la arquitectura.

La idea es tomar una estructura existente y rediseñarla. En términos humanos, sería el estilista, el «que hace el cambio de look».

La persona que decora puede proceder de una familia en la que el realce de las cosas sea importante, por lo que ayuda a los demás a mejorar su interior, a ser posible en relación con su personalidad, escuchándolos.

Pero el decorador pudo crecer en un lugar que le resultaba desagradable, sin ninguna posibilidad de crear una atmósfera diferente. Fue capaz de comprender que la coherencia de un lugar estaba relacionada con la emoción de la persona que lo habitaba y que un cambio de decoración podía mejorar su estado de ánimo.

Puede que de niño oyera que era feo o que le criticaran por su aspecto. Así que decidió transformar lo feo en bello. Su primer sentimiento sobre la necesidad de decorar fue, seguramente, su cuerpo, que quería que fuera más bello.

Él o ella fue capaz de convertir un entorno negativo en otro positivo. Con la decoración se puede dar vida a una estructura fría y apagada. Es una forma de convertir lo visible en invisible. Pero también se trata de la forma y no del fondo. Puede resultar difícil para el decorador cuestionarse a sí mismo en profundidad. A veces, es preferible crear otro personaje, más bello a la vista, pero que esconde de forma bonita una realidad interior menos sociable.

49. Dentista

Papel e historia

Mientras que en la Edad Media el oficio de «sacamuelas» estaba reservado a los barberos, hasta el siglo XVIII no se convirtió en una profesión de pleno derecho, y sobre todo en el siglo XIX, cuando se introdujeron los primeros productos anestésicos, como el éter o el cloroformo, para realizar este trabajo.

El nombre procede de *diente* y el sufijo *-ista*. Y, a su vez «diente» procede del latín *dens, dentis,* nombre que representa la mandíbula.

Muchos huesos antiguos han revelado la presencia de caries, una dolencia que no se limita a nuestro modo de vida actual. Este diente, que se utiliza para cortar, triturar o morder, ha dado lugar a muchas expresiones de uso frecuente en la actualidad y que seguramente pueden explicar ciertas funciones antiguas:

- Un liante como un sacamuelas, porque en la Edad Media los sacamuelas tranquilizaban a sus pacientes asegurándoles que no sentirían dolor, cuando no era cierto.
- Alargársele a alguien los dientes
  - Sentir dentera por lo agrio.
  - Desear algo con intensidad.
- Armarse hasta los dientes
  - Ir bien armado.
- Entre dientes
  - Articular palabras de un modo casi inteligible.

Los dientes son la única parte visible de nuestro esqueleto, nuestra estructura, y son tan duros como las expresiones que los contienen.

Simbolismo

El dentista puede haber tenido antepasados que murieran por falta de cuidados dentales. Se sabe que una muela en mal estado o no tratada puede generar una infección grave que, si no se trata, puede llegar a ser peligrosa para la salud. También podemos encontrar antepasados que fueron mordidos por animales que habrán anclado en el inconsciente familiar la fortaleza de los dientes y lo que pueden generar cuando están sanos.

El dentista puede resolver dudas existenciales: ¿quién soy yo? Los dientes son los únicos elementos que nos permiten identificar a una persona. Los cuerpos de algunos antepasados no identificables pueden no haber sido encontrados durante guerras, masacres o desapariciones.

Él o alguien de su familia pueden haber sido bloqueados en su comunicación en la infancia, obligados a callar, a no soltar los dientes, a no poder sacar las palabras que llevaba dentro. En su familia, pueden tener rencor contra… diferentes cosas que pueden generar ira; él, por reparación, puede querer calmarse.

Y entonces, el dentista o cirujano dentista es parte de los notables y, o bien puede reproducir un patrón familiar o llevar a una familia a un estatus social más alto. Su historia puede versar sobre la carencia, el hambre, la desnutrición que ataca a los dientes, y él repara.

El dolor en Adán (que en francés se puede leer como «dolor de muelas»), puede explicar una herida en relación con el hombre, al ser Adán una representación bíblica del primer hombre sobre la Tierra. El dentista solventa, en este caso, el conflicto con el hombre, con el padre quizá…

50. Dietista

Papel e historia

Se trata de un profesional de la salud, experto en nutrición y alimentación. Históricamente, era una profesión femenina y hospitalaria. En

Francia, el primer servicio de dietética se creó en el Hôpital Dieu de Marsella. En realidad, es una profesión reciente y que se ejerce cada vez más en el ámbito privado.

El término procede del latín tardío *diaeteticus*, y éste del griego *diaitetikós*, la forma femenina del latín *diaetetica*, y éste del griego *diaitetike*.

Simbolismo

En primer lugar, podemos pensar que en la familia de estos profesionales pueden haber habido existido debidos a la alimentación y, sobre todo, a la higiene alimentaria. Algunos pueden haber muerto a consecuencia de la desnutrición o la falta de alimentos. Aunque también es posible que haya sido al revés. El exceso y la riqueza de alimentos pueden haber provocado enfermedades graves y muertes prematuras.

Al ser la comida el primer vínculo con la madre que nos acoge, puede tratarse de un vínculo con ella. Una madre de la que se tiene dificultad para desprenderse, que ha estado ausente o que carecía de estabilidad emocional puede favorecer una profesión en la que se busque reequilibrar la relación con ella a través de la relación con la comida.

El amor y la alimentación son los primeros vínculos de un niño con su madre, y esto es lo que construirá su equilibrio. Un niño que carezca de uno de estos dos elementos indispensables puede buscarlo en una profesión cuya base sea la higiene de vida.

Asimismo, un niño «empachado» de amor o comida puede tratar de equilibrarlo de la misma manera.

También se da un paralelismo con la comida intelectual. La misma palabra encierra connotaciones distintas, pero en un nivel de energía equivalente. En esta familia puede haber habido personas incultas que sufrieron mucho, quizá hasta el punto de ser menospreciadas; u otras muy cultas que no soportaron la falta de alimento intelectual, cultural o espiritual. En este caso, la descendencia puede buscar un equilibrio en todo lo que nutre al hombre.

51. Director - Directora

Papel e historia

Ser director es ocupar un alto cargo en la dirección de una institución privada o pública.

Entre 1795 y 1799, éste fue también el título ostentado por los cinco miembros del Directorio (gobierno revolucionario francés), los cuales ejercían el poder ejecutivo.

Esta palabra procede del latín *director*, que significa «persona que dirige».

Simbolismo

Se afinará en función del cargo que vaya a desempeñar el director: financiero, hospitalario, escolar, etc.

Cabe imaginar que el director ha tenido uno o varios padres autoritarios y que haya sufrido por ello. Puede reparar el hecho de haber sido dirigido, dirigiendo él mismo a nivel profesional.

En cambio, puede haber carecido de orientación o de una presencia familiar que le ayude a dirigir su vida. Puede compensarlo dirigiendo su vida y la de los demás.

Él puede haber sido la luz que guía o la directriz para su familia por ser el primogénito o condicionando el matrimonio de sus padres. Desde su nacimiento, pudo hacerse con cierto poder familiar convirtiéndose en el niño prodigio.

O, por el contrario, pudo haber sido denigrado y humillado, y resarcirse de ello teniendo un lugar y un trabajo como líder.

En su historia hay una hora, un momento para ser directo. No hay que dejar las cosas para más tarde, decir lo que deba decirse en el momento oportuno. Quizá tuviera que salir por la puerta de atrás para decir algo a su familia.

Es posible que los padres no tuvieran autoridad y que los hijos se rieran directamente de ellos cada vez que les imponían algo.

En latín, *director* es la persona que dirige, pero puede que en esta familia no hubiera nadie que dirigiera, de ahí la necesidad de imponer límites al director.

52. Docente

Papel e historia

Se trata del encargado de enseñar a los demás. El término procede del latín *docens, -entis*, participio presente activo de *docēre* «enseñar».

El hecho de enseñar comporta la misión de señalar algo, de transmitir un mensaje. La palabra «docente», aunque suele emplearse para designar a la persona que enseña en la escuela, se utiliza para cualquier persona que transmite conocimientos a otra.

Simbolismo

La persona que enseña repite a menudo una lealtad familiar a la profesión. Hay familias de docentes, como si el valor del individuo dependiera de su capacidad para ser quien transmite.

Uno puede encontrar en su historia antepasados incultos y analfabetos que gozaban de gran prestigio. Personas que fueron perjudicadas o de las que se aprovecharon porque eran ignorantes e incautas.

Dependiendo de si el docente o profesor trabaja en el sector público o privado, es posible que en su historia haya existido un conflicto entre la Iglesia y el laicismo, y que su profesión le haya permitido posicionarse en sus convicciones.

El profesor puede haber sido denigrado de niño porque le decían que no sabía nada. Puede «vengarse» sabiéndolo todo y enseñándoselo a los demás. Enseñar es la prueba de que uno posee conocimientos e incluso la capacidad de transmitirlos. Puede que haya habido niños en la familia que no hayan sido atendidos. La asignatura que enseñe nos indicará más sobre lo que tiene que arreglar, continuar o superar en su historia personal.

La función del maestro era, y sigue siendo, educar a las personas a las que enseña para que éstas se despojen de su ignorancia y se queden sólo con aquello que nutre la mente y el cuerpo.

Y el maestro (de escuela) era, como el alcalde y el cura, un personaje notable. Se puede pensar que su familia era pobre, sencilla y sin consideración. Él los puso en un pedestal proporcionándoles un estatus social más alto.

53. Ebanista

Papel e historia

El ebanista es un artesano. Crea, fabrica, repara y restaura muebles de madera.

En la Edad Media, era el carpintero quien, además de la carpintería de construcción, se ofrecía para fabricar muebles y objetos por encargo. En aquella época, existían especializaciones dentro del oficio de carpintero: había quien se encargaba de las ventanas, los que se ocupaban de las paredes y techos, y aquellos que estaban relacionados con los muebles.

En Francia, por ejemplo, en 1580, el estatuto del carpintero fue oficialmente reconocido y confirmado por Enrique III.

En el siglo XVII se produjo una importante evolución del comercio gracias al desarrollo del transporte marítimo. Éste abrió la puerta al uso de maderas exóticas. El roble y el nogal, utilizados tradicionalmente, dieron paso al ébano, una especie cada vez más popular. Gracias al trabajo del ébano apareció el estatus de «carpintero de ébano». El oficio se simplificó a «ebanista» y se convirtió en una rama de la profesión de carpintero, a la que aportaba sus trabajos de chapado, marquetería y tableado.

Ébano es el nombre que recibe el duramen de ciertos árboles exóticos de color muy oscuro. Es una madera preciosa que se emplea en la cuchillería y la decoración de marquetería.

Simbolismo

El ebanista es un artesano. Se podría pensar que en la familia de este profesional había creadores o artistas de todo tipo y que es importante dar continuidad al modelo familiar.

El artesano puede proceder de una familia en la que el trabajo intelectual ha sido denigrado y seguir una exigencia familiar inconsciente que sitúa el trabajo manual en un pedestal.

Por el contrario, puede proceder de una familia intelectual en la que el trabajo manual se considera inferior y se rebela contra este valor familiar reinvirtiendo en la artesanía.

La artesanía se basa en la habilidad del hombre dentro de su experiencia. Está ahí para demostrar o rehabilitar el hecho de que el hombre necesita confiar en sus propias capacidades manuales para evolucionar o salir adelante.

El ebanista trabaja el corazón del árbol, es una persona de corazón que trabaja para que el suyo toque el del otro. Debe haber una gran sensibilidad en este artesano. Llega a embellecer el duramen transformándolo de forma hermosa y demostrando que quien tiene el corazón «duro» puede transformarlo en un corazón «sensible». Demuestra que uno puede ser el arquitecto de su propia felicidad transformando lo que sale del corazón en un hermoso regalo.

Puede que en su familia hubiera personas que tuvieran corazón, u otras que, por el contrario, no lo tuvieran, y sufriera por ello. Él repara o continúa.

54. Educador - Educadora

Papel e historia

El educador es una persona que educa. Se especializa cuando su objetivo es ocuparse de la educación de niños, adolescentes o adultos en situaciones difíciles o de inferioridad.

El término procede del latín *educātor, -ōris*.

A finales de la Edad Antigua y en la Edad Media, los sacerdotes eran los educadores. Ejercían la profesión de educadores porque era quienes poseían la cultura, eran los cultos. Trabajaban para acoger a niños huérfanos o indigentes y proporcionarles una educación que les permitiera afrontar la vida. El sacerdote Vicente de Paul, en Francia, por ejemplo, fundó la asistencia pública en el siglo XVII. Mientras que hasta el Renacimiento se encerraba a los discapacitados, tras la Revolución francesa, la sociedad se volvió caritativa, acogiéndolos o ayudándolos. Pero muchas personas con dificultades siguieron encerradas en instituciones, monasterios o cárceles.

La profesión de educador especializado no se validó hasta mediados del siglo XX, con la creación de la asociación nacional de educadores de jóvenes inadaptados.

Simbolismo

Es posible que el educador no haya recibido educación en su infancia o que algún miembro de su familia así lo haya padecido.

En función de su especialización, será más fácil comprender qué debe solucionar. Si se trata de niños con dificultades, lo más probable es que ellos mismos o algún miembro de su familia hayan vivido algo similar. Pueden llegar a servir de enlace entre el niño y sus padres o, a veces, sin quererlo, ocupar el lugar del padre o de la madre en relación con el niño. Si él mismo ha pasado por dificultades y nadie ha acudido en su ayuda, se niega a que otros niños pasen por lo mismo y hace de su escucha y ayuda una cuestión de honor. El trabajo del educador con el joven es todo lo que debería hacer un padre para con su hijo: escuchar, seguridad, dialogar, aprendizaje, proyecto…

En el caso de las personas con discapacidad, el educador demuestra que todo el mundo merece recibir consideración y que no hay que dejar de lado la diferencia. Puede que en la familia haya habido niños con discapacidad que fueran ocultados o internados en instituciones, porque para algunas familias era vergonzoso tener un hijo «que se alejara de la normalidad». El educador también puede haber sufrido una diferencia que lo aislara, y la compensa cuidando de los demás. Puede haber tenido un hermano, una hermana o un padre con discapacidad y seguir dedicándose a ayudar a quien lo necesita.

55. Electricista

Papel e historia

El electricista es la persona que se ocupa de la red eléctrica, desde su diseño e instalación hasta su mantenimiento. Su nombre procede de «electricidad», que, a su vez, viene de «eléctrico».

El electricista es la persona que canaliza la electricidad.

Simbolismo

Cuando nos referimos al primer uso de la electricidad, que es la luz, podemos pensar que la persona que hizo de ella su profesión necesitaba introducirla en su vida o en su historia.

La familia puede haber vivido horas oscuras con mucha tristeza o encierro. El propio niño puede haber estado en un lugar oscuro, sin luz, con las persianas cerradas, quizá para protegerse o para no ser visto.

El electricista tiene que sacar la luz y la vida. Tiene la función de reavivar la llama de quienes la habían perdido.

Su función consiste también en conducir la electricidad a las casas de los demás. Cuando tiene la función de reparar, repara la luz que a él y quizá a sus padres les ha faltado.

56. Enfermera - Enfermero

Papel e historia

La función de la enfermera consiste en atender a los pacientes bajo la dirección del médico.

A partir del siglo XIII, la orden religiosa organizó la profesión con monjas que se encargaban de los cuidados de forma voluntaria. Las primeras enfermeras fueron voluntarias durante las primeras guerras del siglo XIX, y la profesión se hizo cada vez más laica. A principios del siglo XX se crearon las primeras escuelas de enfermería y la profesión se democratizó.

El término procede de *enfermo* y el sufijo *-ero*.

Simbolismo

Parece obvio que en la historia de la enfermera, los antepasados pueden haber estado heridos o enfermos y haber carecido de cuidados, lo que les causó grandes daños físicos.

La enfermera está ahí para aportar cuidados; incluso para una misión de rescate. Hay una necesidad apremiante de cuidar a los enfermos o a los débiles. Puede haber uno o varios discapacitados en la familia por falta de cuidados médicos o terapéuticos.

En la reparación, la enfermera quiere ayudar a las personas a recuperar su fuerza física.

Es posible que en la familia de la enfermera hubiera personas encarceladas o encerradas que no sobrevivieran al encarcelamiento o que quedaran discapacitadas, enfermas.

También puede haber hipocondríacos o personas permanentemente enfermas en la familia, y se educa a los descendientes para que acudan a cuidarlas.

Esta profesión tranquiliza a los que tienen miedo a la enfermedad. Así, siempre es bueno tener a una persona en la familia que sepa cuidar. Pero el que sabe cuidar se dedica más a los demás que a sí mismo, como si tuviera que olvidarse de sí mismo dedicando su vida a salvar la de otros. Es una tarea pesada que a menudo va más allá de las propias obligaciones profesionales y puede convertirse en un duro fracaso si la persona fallece.

57. Enmarcador - Enmarcadora

Papel e historia

Un enmarcador es un artesano que revaloriza una obra enmarcándola. Puede construir o restaurar las molduras y varillas que enmarcan un cuadro, un dibujo o una fotografía.

Los verdaderos marcos de madera empezaron a aparecer en la antigüedad. Antes, los marcos eran más bien tiras de tela o seda pegadas alrededor del diseño que se iba a exponer.

Son ampliamente utilizados por los pintores, pero también por la Iglesia. Los retablos que se exponen detrás de la mesa del altar y que representan decoraciones esculpidas de escenas religiosas suelen estar enmarcados en madera. Están pintados o tallados, pero siguen siendo sencillos. En el siglo XII, también se componían de varios paneles, dípticos o trípticos.

Fue durante el Renacimiento cuando aparecieron los marcos con esculturas y los nuevos diseños con formas redondeadas u ovaladas, cuando la enmarcación artística adquirió una gran importancia y la profesión alcanzó cada vez un mayor reconocimiento.

La palabra «cuadro» procede del latín *quadrus*.

El marco básico es cuadrado. Cabe destacar que evolucionará en su forma, pero no en su nombre, y el enmarcador coloca un marco alrededor de una obra, sea cual sea su tamaño.

Simbolismo

El enmarcador es un artesano. Cabe pensar que en la familia de este profesional hubo creadores o artistas de todo tipo y que es importante continuar el patrón familiar.

Puede proceder de una familia en la que se denigraba el trabajo intelectual y seguir una exigencia familiar inconsciente que sitúa el trabajo manual en un pedestal.

Por el contrario, puede proceder de una familia intelectual en la que el trabajo manual se considera inferior y se rebela contra este valor familiar reinvirtiendo en la artesanía.

La artesanía se basa en la destreza del hombre dentro de su experiencia. Está ahí para demostrar o rehabilitar el hecho de que el hombre necesita confiar en sus propias habilidades manuales para evolucionar o salir adelante.

El enmarcador puede proceder de una familia en la que no hay marco y necesita enmarcarlo todo. Puede que le haya faltado supervisión, autoridad, con un padre que tal vez estaba ausente o que no se ocupaba de él y tiene la necesidad de supervisar en lugar de su padre.

La familia puede haber carecido de enmarcación durante la guerra o acontecimientos especiales, o puede haberse dispersado o haber perdido a algunos de sus miembros. El enmarcador está para reparar, pero si ha vivido cosas terribles o desastrosas, preferirá enmarcar obras de arte, objetos valiosos.

También existe la idea de «congelar» lo bello para que no se escape. Enmarcar un cuadro o una fotografía significa resaltarlo para que la mirada se dirija a esa obra de arte que merece atención, pero que permanece inmutable. El enmarcador puede haber experimentado cosas bellas, pero son tan efímeras que con su profesión pone límites alrededor de una imagen para que «no se escape».

Puede proceder de una familia de estatus social bajo. Y repara con un oficio apreciado. Pone marcos valiosos alrededor de obras reconocidas.

Debe de tener una gran necesidad de gestionar, controlar, enmarcar todo en su vida, porque puede que haya carecido de ello y tal vez haya sufrido consecuencias negativas. Enmarca para enmarcarse y tranquilizarse.

58. Escritor - Escritora

Papel e historia

Un escritor es una persona que tiene la capacidad de escribir historias o redactar documentos. Procede del latín *scriptor, -ōris*. Un escritor puede escribir para sí mismo o para otros, en cuyo caso se denomina escritor público.

El escritor es el «autor» de la palabra escrita, nombre formado a partir del latín *auctor,* que empuja a actuar, a crear, a estar en el origen de…

Con el auge del intercambio comercial del siglo XIII, nació la figura del escritor público en Francia, por ejemplo. En aquella época había pocas personas cultas, pero, por el contrario, una gran necesidad de redactar contratos, acuerdos o cartas.

Simbolismo

El bloqueo del escritor nos habla de una incapacidad para escribir o transmitir un mensaje. Seguramente, en la historia de la persona que escribe ha habido personas analfabetas cuya carencia podría haberle perjudicado. Puede reparar esta carencia escribiendo por las personas que no saben hacerlo. También puede tener antepasados extranjeros que, al llegar al país, no conocían la lengua y no sabían hablar, leer ni escribir. Aún hoy, los extranjeros que llegan necesitan ayuda para rellenar documentos importantes, y sigue ocurriendo que algunos extranjeros que no saben leer ni escribir no sean tenidos en cuenta y sufran.

También puede haber personas en la familia cuyos escritos hayan sido inútiles, quizá para salvar a alguien o algo. Un dicho afirma que a las palabras se las lleva el viento, pero lo escrito permanece. Escribir es también la forma más eficaz de contar la historia. Tal vez el escritor proceda de una familia de gente silenciosa y quiera contar la historia de su vida para no olvidar de dónde procede, los acontecimientos importantes que han marcado su historia, o incluso escribir los traumas para no olvidar...

Además, la escritura permite imaginar, idealizar, y también es una buena manera para el creador de inventar nuevos destinos, de hacer nuevos viajes, de dar vida a personajes que le hubiera gustado encarnar, porque tal vez no le agrade su vida real.

Y, por último, el escritor puede tener la misión de compartir, de revelar, de estimular a las personas a las que da la información para que saquen a la luz los escritos que han permanecido en la sombra.

59. Esteticista

Papel e historia

Una esteticista es una persona que proporciona tratamientos faciales y corporales en un centro de belleza o a domicilio. El nombre procede de «estético», del latín moderno *aestheticus*, y éste del griego *aisthētikós*, «que se percibe por los sentidos», la forma femenina del latín moderno *aesthetica*, y éste del griego *epistémē aisthētiké*, «conocimiento que se adquiere por los sentidos». El *Diccionario de la Real Academia de la lengua española* proporciona la siguiente defición de «estética»: «Conjunto de técnicas y tratamientos utilizados para el embellecimiento del cuerpo». Originalmente, la estética se consideraba una filosofía del arte que inducía a un juicio sobre la belleza, el significado y la percepción. Se ocupaba principalmente del aspecto físico del cuerpo humano, y sólo en el siglo XVIII aparecieron profesionales de la belleza.

Hubo que esperar hasta mediados del siglo XX para que aparecieran escuelas de esteticistas que validaran esta profesión ya ampliamente extendida.

Simbolismo

Como la visión de un cuerpo o de un rostro puede suscitar una emoción negativa o de rechazo, la esteticista trata de reparar, embellecer, y, a veces, atraer mediante el maquillaje.

Según la estética, hay que realzar al ser humano y evitar en lo posible los signos visibles del paso del tiempo. Es posible que en su familia haya habido personas que abandonaran su autocuidado y que no le transmitieran una imagen positiva del envejecimiento. Los antepasados pueden haber resultado desfigurados a causa de la guerra, la agresión o la enfermedad, y la gente que los rodea tuviera dificultades para mirarlos.

La idea misma de belleza conduce a algo feo. Es posible que la esteticista sufriera algún tipo de agresión que la hiciera sentirse fea, o que sus padres o alumnos le dijeran que era fea.

La misión de embellecerse a sí misma o a alguien de su entorno la hace responsable de la belleza de todos. Si consigue embellecer a la gente, sabrá que también es posible en ella.

Algunas familias dan prioridad a la belleza, y por lealtad, trabajamos para mejorarla. En ocasiones la belleza salva, mientras que otras veces la fealdad condena…

Y entonces, cuando eres bella, existes más a los ojos de la otra persona, es una forma ser reconocido.

60. Farmacéutico - Farmacéutica

Papel e historia

El farmacéutico es una persona que aconseja y vende fármacos. Por su formación médica y científica, puede trabajar tanto en una oficina de farmacia como en una farmacia hospitalaria, pero también en los sectores de la biología médica, la investigación o la docencia.

El término «farmacéutico» procede del latín tardío *pharmaceutĭcus*, y éste del griego *pharmakeutikós*.

El caduceo de los farmacéuticos, que representa a la serpiente de Epidauro, y la copa de Hygie son simbólicos: la serpiente vierte su veneno en la copa, que lo transforma en remedio.

El antepasado del farmacéutico fue el boticario. En el siglo XVIII, la profesión adquirió importancia y la realeza declaró que la farmacia era un arte valioso para la humanidad. El gremio evolucionó hasta convertirse en un colegio de farmacéuticos totalmente independiente.

Simbolismo

El caduceo sugiere que en la familia del farmacéutico hubo antepasados envenenados por los que no se pudo hacer nada.

Otros también pueden haber perdido la vida por falta de medicamentos, ya sea porque no existían o porque en aquella época no había suficientes para todos. Los pobres no recibían los mismos cuidados que los burgueses en el pasado y la mortalidad era más frecuente.

Es posible que en esta familia haya habido «brujos o curanderos» que trataban con plantas, ungüentos o aceites y que fueron mal vistos, incluso quemados en público. El farmacéutico rehabilita los medicamentos, con independencia de los que sean.

Puede que tenga un boticario en su ascendencia y que sea leal a quien ha salvado vidas con sus preparados.

61. Fisioterapeuta

Papel e historia

El fisioterapeuta utiliza una técnica basada en movimientos activos del cuerpo y masajes para aliviar el dolor o restablecer las capacidades motoras.

Kinesis significa «movimiento» en griego. La fisioterapia trata a través del movimiento.

Esta disciplina incluye la rehabilitación de casi todas las afecciones médicas. Se creó tras la Segunda Guerra Mundial para tratar y rehabilitar a los heridos de guerra. El término cinesiterapeuta no está muy extendido en otros países, a excepción de los francófonos. En el resto del mundo a estos profesionales se les llama fisioterapeutas.

Simbolismo

Detrás del fisioterapeuta existe una noción de estructura, que puede estar representada por el aspecto físico del individuo que puede haber sido dañado, roto, herido en la guerra o en la vida. La profesión servirá para reparar las heridas físicas de los antepasados.

Algunos habrán sido salvados o curados después de un accidente y la gratitud fluirá por la genealogía para hacer surgir de nuevo a un salvador. Él puede tener la misión de volver a poner a la persona en pie, sin margen para el fracaso, porque tiene una imagen de salvador. El exceso de poder que la familia le habrá prodigado, a veces de forma invisible, puede hacer que se sienta obligado a triunfar y dificultar que se cuestione a sí mismo.

Por el contrario, algunas personas de esta familia pueden haber quedado discapacitadas o haber nacido con una discapacidad, sin que nadie haya podido solventar esta situación. El fisioterapeuta repara lo que no se pudo reparar en su genealogía. A través de cada persona que trate, intentará curar a aquella persona de su familia que no haya conseguido curarse. La carga emocional puede ser intensa, porque el desapego no es fácil cuando se quiere reparar a toda costa a un padre simbólico.

El desequilibrio también puede encontrarse en la estructura familiar. En efecto, una familia desarticulada o rota transmite una imagen de sufrimiento que puede malvivir en la descendencia. Por eso, a veces, a través del trabajo sobre el cuerpo, el fisioterapeuta restablece la paz en la estructura familiar. El masaje para la suavidad, el movimiento para evitar el estancamiento en un funcionamiento atormentado. El cuerpo es vida, y si avanza con ligereza y sin sufrimiento, seguirá la construcción de un estado emocional positivo. El fisioterapeuta ayudará así a restablecer la serenidad en el clan.

62. Florista

Papel e historia

La «flor silvestre», que antiguamente se cortaba y se colocaba en ramos como adorno en las casas adineradas o para crear coronas funerarias, ha experimentado una gran evolución.

Buscadas sobre todo por su aroma, el hombre lleva cientos de años mezclando y transformando especies para conseguir otras aún mejores.

La persona que cultivaba las flores se llamaba «florista» y, desde el Renacimiento, nunca ha dejado de crear, experimentar, mezclar y combinar para obtener las flores más bellas y perfumadas.

Ya sea por su belleza, color u olor, se ha convertido en una parte indispensable de nuestras vidas.

Pero si hoy las flores son, sobre todo, decorativas, no hay que olvidar el papel simbólico que algunas de ellas han tenido en determinados acontecimientos históricos. El tulipán fue la imagen de una de las primeras grandes crisis económicas, y el poder de las flores fue el lema de los *hippies* en la década de 1960. La revolución de los claveles dio nombre al derrocamiento de una dictadura en Portugal y los bonapartistas eligieron la violeta como emblema durante el exilio de Napoleón I a la isla de Elba.

La gente siempre ha mantenido una relación especial con las flores, y hoy existen concursos de floristería para premiar la excelencia en la calidad de las nuevas formas, colores y aromas de las flores.

El florista se ha convertido en quien comercializa las flores, y lo paradójico es que las hermosas flores que se encuentran en su tienda no tienen nada que ver con las que se hallan en la naturaleza. Han sido transformadas, manipuladas, esterilizadas y estandarizadas para adaptarse mejor al consumo actual.

Simbolismo

Es necesario que el florista alegre, aporte colores y olores agradables al hogar. Se podría pensar que en la familia de este profesional, el interior no era acogedor o tenía olores desagradables. Puede ser una familia triste, sin luz y sin sol, tanto en el interior de la casa como en el interior de sus habitantes.

El florista está ahí para perfeccionar la decoración de la casa aportando un toque de naturaleza y aire libre, porque cuanto más vive la gente en las ciudades, más necesita la naturaleza en su hogar. Puede venir del campo o de un lugar cercano a la naturaleza y es una forma de descubrir los beneficios de ésta a través de las flores.

También puede haber personas en esta familia que hayan vivido hechos concretos en los que las flores tuvieran un fuerte simbolismo. Será interesante preguntar al florista si tiene flores favoritas que puedan corresponder a una experiencia específica de uno de sus antepasados.

Pero no olvidemos que las flores y el amor siempre han ido de la mano. Si las rosas rojas siguen siendo la encarnación de la pasión, la orquídea da nombre a una de las posturas más famosas del Kamasutra. Una palabra formada con el término flor corresponde también a la pérdida de la virginidad en la mujer: desflorar, que en su significado simplista corresponde a una pérdida de su flor, de su frescura, de su novedad.

Si en esta familia hay una o varias niñas que han sufrido abusos sexuales o han sido violadas, es posible que exista un florista para reparar todas estas «flores» maltratadas.

63. Fogonero

Papel e historia

El trabajo de un fogonero consiste en calentar. Es la persona que se encarga de mantener encendido el fuego de una caldera de vapor, ya sea en una empresa o en una locomotora. También puede caldear una estancia para crear un ambiente cálido. En cualquier caso, el fogonero ayuda a reavivar, a hacer avanzar las cosas y, por extensión, se convierte en un profesional de la carretera. Es conductor de autobús, de taxi, de camión, maestro conductor…

Entre los siglos XVII y XVIII, en Francia, los *chauffeurs* («fogoneros») eran los bandoleros que quemaban los pies de sus víctimas para que confesaran dónde escondían su dinero.

Simbolismo

Una primera hipótesis de lealtad al «bandolero» de antaño o al conductor de calderas puede llevar a su descendiente a ser conductor.

Pero también puede haber habido alguien de la familia que no haya podido ponerse a salvo y que haya sufrido. O quizá un tren no llegara a tiempo por falta de combustible o explotara una caldera. También puede haber ocurrido un accidente debido a un error de conducción.

Es posible, asimismo, pensar en un antepasado que murió de frío o que sufrió las inclemencias del tiempo, y el «fogonero» podría convertirse en reparador al aportar calor con su profesión.

Tal vez el calentador a golpes podría servir de reparación frente a un antepasado que sufrió por el calor, ya sea durante un incendio o en una situación de calor intenso.

Por otro lado, un maestro o empresario de la familia que no pudiera conducir podría haberse perdido un acontecimiento importante o incluso crucial.

64. Fontanero - Fontanera

Papel e historia

El fontanero es un artesano u obrero que coloca y mantiene tuberías de agua y gas e instala y repara aparatos sanitarios.

Al principio, este oficio implicaba trabajar con plomo, con independencia de su uso. La palabra «fontanero» procede de *fontana*.

No obstante, en el siglo XIX, el uso generalizado del gas para el alumbrado y la calefacción introdujo nuevos materiales, entre ellos el zinc. Los fontaneros se vieron obligados a aprender nuevas técnicas de instalación y algunos se convirtieron en fontaneros del zinc. Ellos, que estaban acostumbrados a manipular tuberías de agua, ahora tenían que ampliar su campo de acción para incluir el gas, que iba a adquirir una importancia considerable, ya que iba a contribuir a la iluminación y la calefacción de la ciudad. Kilómetros de tuberías circulando bajo tierra en la ciudad permitieron renovar a estos profesionales, algunos de los cuales se convirtieron en fontaneros-calentadores.

El plomo se ha utilizado durante miles de años por su cualidad de maleable y resistir la corrosión, y se ha empleado en múltiples ámbitos. Hoy en día, su uso en fontanería y pintura está prohibido debido a su alta toxicidad, que puede provocar una importante enfermedad: la intoxicación por plomo.

Simbolismo

El vínculo que aparece de inmediato es el agua. Es posible que en la familia del fontanero haya habido antepasados que participaran en la instalación del sistema de agua, que aportó un considerable confort a los hogares y él continúa la misión familiar.

Por el contrario, en su familia también pudo haber personas que se quedaran sin agua o que se vieran obligadas a ir a buscarla desde lejos con cubos y que sufrieran por esta carencia.

Es posible que en la familia del fontanero haya habido viajeros capaces de surcar los mares y, al trabajar con el agua, es como si se acercara un poco más a ellos, como si continuara el viaje con ellos.

¡El agua es vida! Al hacer que el agua llegue en buenas condiciones a todos los hogares que visita, aporta esta noción de vida, este bien indispensable para el buen funcionamiento de nuestro organismo y de nuestros hogares.

El fontanero o el técnico de calefacción puede informar de que su familia puede haber sufrido frío o falta de luz porque quizá no estaba conectada a la red eléctrica o no podía pagar las facturas. Las condiciones de vida elegidas por su familia pueden no haber convenido al fontanero, que repara llevando la comodidad a todas las casas.

65. Horticultor - Horticultora

Papel e historia

Un horticultor es una persona que practica el arte de cultivar jardines, hortalizas, flores, frutas y árboles o arbustos ornamentales. Esta profesión forma parte del ámbito agrícola.

El término procede del latín *hortus,* que significa «huerto», y *-cultor,* «cultivador».

Si el agricultor es la persona que cultiva la tierra y/o cría animales con fines de producción, el horticultor es el que utiliza este trabajo con un toque artístico. También inicia el trabajo para otros sembrando e iniciando el cultivo de hortalizas, flores o arbustos, que luego vende a otras personas, haciéndoles la vida más fácil.

Simbolismo

Puede pensarse que proviene de una familia a la que puede haberle faltado sustento o alegría. Debe estar al principio de la alimentación del cuerpo o de la mente, ya sea para continuar un patrón familiar o para reparar una incapacidad de plantar una pequeña semilla y hacerla germinar.

También puede proceder de una familia en la que el cultivo de la tierra salvó a sus miembros durante la guerra o la hambruna.

Existe entonces la misión de continuar en caso de que se repita la misma situación.

Las flores y las plantas embellecen un jardín y aportan color y alegría. O bien crecieron en una familia donde el arte y la dulzura estaban presentes, o bien aportan un toque de buen humor al jardín.

El huerto solía estar reservado a las mujeres, que cultivaban hortalizas y árboles frutales mientras sus maridos trabajaban. Era un trabajo duro, y el horticultor aligera la carga de las mujeres para las que trabaja. Puede que hayan sufrido en su familia o se hayan quedado solas durante y después de las guerras. Planta la semilla de otra manera para alimentar a la familia aportando el comienzo del trabajo.

66. Hotelero - Hotelera

Papel e historia

Un hotelero está a cargo de un hotel u hostal, y es responsable de la recepción y el alojamiento de los huéspedes durante su estancia.

El término «hotel» procede de la palabra *hôtel*, que proviene de *ostel*, que deriva del latín *hospitale*, «habitación para extraños, para recibir huéspedes». *Ostel* dio origen a hotel u hospital, los dos lugares encargados de recibir a clientes y enfermos. El *ostel* también se transformó en un hospicio para acoger a niños y ancianos.

Antiguamente, la hospedería era una residencia dependiente de una abadía donde se acogía a peregrinos, pobres o viajeros. Fue a finales de la Edad Media cuando se convirtió en un negocio.

Simbolismo

En la propia historia tiene una importancia fundamental «recoger». O bien algunos de sus antepasados se quedaron en la calle porque nadie quiso ofrecerles un hogar, o bien en su familia es fundamental cuidar a quien busca un hogar.

Puede existir lealtad hacia la Iglesia, que acogió a huérfanos o a ancianos del propio linaje, y en los valores familiares está la misión de alojar a quienes piden cobijo.

Recordar que también el término en sus orígenes hace referencia al hospital. Si los antepasados sobrevivieron gracias a este lugar, el vínculo familiar con él es seguramente muy fuerte. Pero en agradecimiento o reparación, el hotelero prefería abrir un lugar dedicado al placer de sus huéspedes y a su buena salud antes que a la enfermedad.

El linaje del hotelero puede incluir posaderos o nobles cuyas casas se llamaban hostelerías. Si el hotelero regenta un establecimiento de lujo, puede existir lealtad a una estructura familiar burguesa existente o perdida.

67. Informático - Informática

Papel e historia
Un informático es una persona cuyo trabajo consiste en el estudio, diseño, producción, gestión o mantenimiento de sistemas de procesamiento de la información.

La palabra «ordenador» es nueva, aunque procede del latín *ordinātor, -ōris*. Se trata de automatizar la información a partir de datos incorporados en un programa.

Simbolismo
La misión del informático consiste en trabajar con la información, desde su concepción hasta su recepción. Tiene que formatear y transmitir un mensaje por medios distintos de la voz.

Es posible que hubiera personas en su familia que tuvieran que transmitir mensajes codificados o por medios distintos a la voz: radio, periódicos.

La familia puede haber sido pobre, privada de modernidad y alejada de la cultura, y el informático tiene la necesidad de informatizar, de crear un vínculo.

Por otra parte, existe una noción de lo virtual en informática que podría explicar por qué la vida o la historia del informático no le conviene y por qué construye una de forma ficticia.

Puede que tenga una familia silenciosa en la que no fluye la información y, como busca respuestas, abre la información a todos.

68. Ingeniero - Ingeniera

Papel e historia

Un ingeniero es una persona que ha completado una formación para desempeñar funciones científicas o técnicas con el fin de gestionar el trabajo específico de su función directiva.

El término «ingeniero» procede de «ingenio», «máquina, artificio mecánico» y el sufijo -ero, que tiene disposición de mente e invenciones.

El ingeniero, inventor de máquinas de guerra, evoluciona en su papel, y se sitúa entre el científico, calculador de lo abstracto, y el artesano, diseñador de lo concreto. Además, utiliza la mecánica, las matemáticas y otros datos teóricos para resolver problemas prácticos. Se le conoce como experto en diversas prácticas.

Simbolismo

El ingeniero debe ser inventivo. Es necesario restaurar la imagen de la familia o seguir representando un estatus social importante. El ingeniero posee conocimientos y saber hacer que sitúan a la familia en un pedestal.

Los antepasados pueden haber sido ayudados por un miembro creativo que les salvó de una muerte segura. Dependiendo de la especialidad del ingeniero, es posible obtener una pista sobre el elemento que se perdió o salvó a la familia.

El ingeniero establece el vínculo entre el trabajo manual y el intelectual. Puede especializarse tanto en energía nuclear como en agricultura, y rehabilita la mayoría de las profesiones demostrando que cualquier profesión merece ser profundizada intelectualmente, aunque sea manual o artesanal.

69. Juez

Papel e historia

La persona que juzga como profesión tiene derecho y autoridad para hacerlo. Es un magistrado investido por la autoridad pública con el derecho y el deber de reconocer el hecho y aplicar la ley en los casos contenciosos.

La palabra procede del latín *iudex, -ĭcis*.

Magistrado, en cambio, proviene del latín *magistrātus*. Se trata de una persona que ejerce una función pública y que debe hacer cumplir las leyes.

Hoy en día, cuando un juez trabaja en un caso judicial complejo, dispone de muchas herramientas que le ayudan a encontrar las pruebas y comprobar los rumores. En el pasado, los magistrados no disponían de todos estos métodos. Eran el rey, etcétera, quienes sólo podían confiar en su sentido común y su neutralidad para discernir lo falso de lo verdadero. Y cuando no había pruebas, a veces Dios era el único juez al que había que escuchar. Aunque hoy resulte inimaginable que en medio de un juicio un juez invoque a Dios para que decida, en la Edad Media era así.

Simbolismo
Dos significados son importantes en este cargo:

- El maestro: existe una intención de dominar a las personas o bien una situación.
- Hacer justicia: con una profunda necesidad de reparar una injusticia.

Cabe pensar que en esta familia no se tenía en cuenta a un niño o a un adulto. Su palabra no tenía ningún peso y es posible que fuera menospreciado, o incluso humillado por un entorno dominante. El juez se resarce convirtiéndose en el maestro capaz de ejercer su poder de equidad y de buscar la verdad.

Puede que haya existido una gran injusticia en el árbol, o que haya habido personas que sufrieron un daño que se juzgó mal o no se juzgó. Si el daño ha sido devastador, la familia pone en su lugar a una persona de poder capaz de enderezar los entuertos del pasado haciendo justicia en el presente.

El juez puede tener una pesada misión sobre sus hombros, porque si viene a reparar, no puede ser completamente neutral, sobre todo en acontecimientos que pueden ser similares a su propia historia. Tiene que restablecer una justicia que a veces no va en el sentido de lo que la familia ha vivido, y hoy sabemos que la mayoría de los traumas están anclados y circulan en nuestras células… A veces debe ser muy doloroso.

En esta profesión se da una gran noción de soledad y responsabilidad. Aunque esté rodeado de un equipo que le ayuda a trabajar en cada caso, es en su alma y en su conciencia donde debe tomar una decisión y es a través de su propia voz como se dicta la sentencia.

Puede que haya un señor o un padre en la línea familiar que haya tenido que tomar una decisión de peso que haya tenido graves consecuencias para uno o varios miembros de la familia. Así que la idea misma de justicia recorre la psique familiar.

En función de la especialidad del juez, podemos descubrir la base del problema familiar.

70. Logopeda

Papel e historia

El logopeda u ortofonista es un profesional cuya misión consiste en detectar, prevenir y tratar los trastornos del habla y del lenguaje en niños y adultos.

Fue en el siglo XVIII cuando un abad desarrolló una técnica para ayudar a los niños sordos, y fue en este mismo siglo cuando el descubrimiento de Víctor, el niño salvaje, en Aveyron permitió a un médico realizar los primeros intentos de reeducación del lenguaje y el habla.

En el siglo XIX, en Francia, se acuñó el término «ortofonía» cuando un médico abrió un instituto especializado en problemas relacionados con el habla.

En el siglo XX, se creó la Asociación Internacional de Logopedia y Foniatría y se abrió el departamento de rehabilitación de todos los trastornos del habla en el Hospital Saint Michel de París, en Francia.

Aunque los primeros cursos de logopedia existen desde hace muchos años, hasta no hace tanto tiempo la profesión no adquirió personalidad jurídica.

La misión del logopeda consiste en ayudar a las personas a tener una voz precisa y regular.

Simbolismo

Cabe suponer que para este profesional la comunicación a través del lenguaje es fundamental.

Tal vez proceda de una familia en la que todos tenían derecho a expresarse, tanto jóvenes como mayores, y se apoyaba a los que tenían más dificultades para hablar. Continúa esta pauta para ayudar a todos aquellos que no tienen la capacidad de fluidez en la palabra.

Puede proceder de una familia de profesores, maestros de escuela, personas que enseñan a los niños lenguas extranjeras o la propia lengua, y a los adultos elocución, e incluso elocuencia.

El logopeda puede tener antecedentes familiares de desarraigo, de personas que vienen del extranjero por diferentes motivos y no conocen la lengua del país al que llegan. A menudo es complicado hacerse entender, integrarse, encontrar trabajo cuando no se habla o escribe la lengua del país de acogida. Esto puede haber constituido un gran sufrimiento y el profesional intenta reparar lo que la familia ha podido sufrir ayudando a las personas a comunicarse mejor.

Puede que él mismo haya sufrido tartamudez o se haya visto apartado de la comunicación porque en su casa no se escuchaba a los niños de la misma manera que a los adultos.

Es posible que sus padres lo humillaran, le pidieran que se callara, le hayan hecho ver que su discurso de niño no tenía peso, y su misión es restablecer el diálogo entre las personas enseñándoles a comunicarse bien.

Su familia puede haber sufrido injusticias relacionadas con palabras, frases escuchadas, acusaciones injustificadas que pueden haber causado perjuicios. Puede haber habido detenciones durante las guerras a causa de denuncias, tal vez falsas. El profesional repara poniendo justicia en el lenguaje.

Personas de su familia pueden haber nacido o haberse quedado mudas y no haberlas tenido en cuenta, con lo cual permanecerían apartadas, como si no existieran. Niños o personas de su familia pueden haber estado sometidos a otros que tenían poder y no se les permitía hablar so pena de ser violentados. En este sentido, el profesional rehabilita el derecho a hablar.

Es posible que en esta familia hubiera personas religiosas que aportaran la «buena palabra» y que anclaran esta forma de funcionar como un valor familiar que se transmite.

Negar la voz puede determinar el valor. Por eso es importante tener voz y saber utilizarla para posicionarse, para hacerse respetar y que se imponga su valor. La función del logopeda es recordar a todos que esto es posible y ayudarlos a seguir adelante.

¡Gracias a su voz, lleva a los demás por el buen camino trabajando sus voces!

71. Masajista

Papel e historia

La profesión de masajista es la de una persona cuyo arte y técnica le permiten masajear las extremidades para estirarlas y así proporcionar bienestar.

El masaje de bienestar existe desde hace muchísimo tiempo, pero no siempre se ha reconocido su verdadero valor. Mientras que en Asia el masaje es algo cultural, en algunos países de Europa, estuvo reservado durante años a la profesión de masajista-fisioterapeuta, es decir, con una finalidad curativa.

Su reconocimiento como práctica más libre y no regulada es mucho más reciente.

El masajista, a diferencia del fisioterapeuta, no utiliza el masaje como cura, sino que puede emplear esta técnica como medida preventiva, en relación con la medicina china, o para rehabilitar el cuerpo, ayudar a eliminar toxinas, reequilibrar las energías o simplemente proporcionar tersura y elasticidad.

La palabra masaje procede del francés *massage,* término que apareció en el siglo XIX. Esta palabra apareció en distintas culturas: *massein* en griego, *mashesh* en hebreo y *mass* en árabe, los tres con el significado de «presionar ligeramente», «palpar», «amasar».

Simbolismo

Las manos se emplean para agarrar y tocar. Pueden tanto dar como recibir, y son un testimonio de la forma en que expresamos nuestros pensamientos y sentimientos. Pueden transmitir energías de acción, protección e incluso curación. Pueden expresar apoyo cálido, consuelo, calma, caricia... pero, en todos los casos, transmiten un mensaje. Tienen un poder extraordinario y forman parte del lenguaje corporal a su manera.

El masajista transmite un mensaje: la mano debe ser sabia, afable, agradable... Puede que haya habido violencia en manos de su familia, o incluso en él mismo, y rehabilita la mano haciendo que sea suave y calmante.

No es posible tocar en esta familia. Tocar es tabú. Al no tocarte no puedes sentir los límites de tu cuerpo. El masaje ayuda a las personas a encontrar sus límites, la frontera entre su interior y su exterior, lo cual es fundamental para empezar a respetar su cuerpo.

Por el contrario, es posible que la familia de la persona que se somete a un masaje se haya iniciado en el tacto y siga proporcionando estas técnicas de bienestar para difundir los beneficios de la práctica lo más ampliamente posible.

El profesional puede haber carecido de amor, afecto y desarrollo maternal sin ni siquiera haber sufrido violencia. Sin embargo, repara esta carencia proporcionando amor y cuidado a través de sus manos y el masaje.

En esta familia, la noción de tocar-placer podría ser inexistente, la persona que masajea se da placer a sí misma al mismo tiempo que lo da.

72. Mecánico de automóviles

Papel e historia

El mecánico de automóviles lleva a cabo el mantenimiento rutinario de los vehículos denominados «ligeros». Debe aportar soluciones técnicas y mecánicas a los problemas que encuentre en el vehículo.

El término procede del latín *mechanǐcus*, y éste del griego *mēchanikós*. En un principio, el mecánico trabajaba en el lugar donde se encontraban los arados, que también era el sitio donde se hallaban artesanos como los herreros, los cerrajeros y los mecánicos. Se utilizaba como cobertizo o como lugar para que el mecánico mantuviera listos los carruajes o coches.

En cuanto apareció el automóvil, estos garajes se convirtieron en el único lugar donde se aparcaban los vehículos, y los profesionales que no eran mecánicos tuvieron que buscar otros lugares donde trabajar.

El comienzo del automóvil es sinónimo de sus imperfecciones, y los fabricantes de automóviles se vieron obligados a abrir sucursales en las que los particulares podían comprar y hacer revisar sus vehículos, a menudo averiados.

Fue en torno a la década de 1960 cuando la mecánica del automóvil vivió su apogeo. En aquella época, la reparación estaba en pleno auge, mientras que hoy las nuevas tecnologías favorecen la necesidad de técnicos especializados para cambiar las piezas en lugar de repararlas.

Simbolismo

Los coches suelen ser una parte importante de la vida del mecánico. O procede de una familia que era entusiasta, o ésta no podía permitirse un coche y se convirtió en una frustración en la familia.

El mecánico «repara» el hecho de haber faltado o no haber podido reparar un vehículo de la familia.

Los primeros automóviles estaban reservados a la élite. A principios del siglo xx, sólo las familias adineradas podían permitirse estos coches tan caros, y la «gente corriente» debía olvidarse de ellos.

El mecánico de aquel momento puede convertirse en el mecánico de hoy, un profesional necesario para la reparación de estos mismos vehículos. Lealtad familiar en la que permanece al servicio del propietario, pero que se convierte en un elemento indispensable sin el cual el particular ya no puede conducir.

Es posible que exista una necesidad de orden en el garaje, pero sobre todo en los vehículos. Asimismo, el mecánico puede haber soñado con ser piloto de carreras y no pudo cumplir su sueño, y por eso sigue rodeado de coches. De pequeño jugaba con sus maquetas de coches, que guardaba en su garaje.

El coche también sigue siendo un símbolo de libertad, viaje y aventura. Estar rodeado de vehículos bonitos permite soñar con escapar. Puede que en esta familia hubiera personas encerradas, encarceladas o con discapacidades en las piernas.

El coche les habría permitido desplazarse. Y, además, un coche es más fácil de reparar que un ser humano; es también una forma de «reparación»: no haber podido «reparar» a un ser humano de la familia.

73. Médico

Papel e historia

El médico es un profesional sanitario que trata las enfermedades y las lesiones.

La palabra «médico» procede del latín *medĭcus,* que significa «que cura», «que ayuda a curar».

Podemos remontarnos a la antigüedad para comprobar que ya existían ciertas operaciones como tratamiento para las personas y, desde entonces, la medicina no ha hecho más que evolucionar en la teoría y en la práctica, al mismo tiempo que se ha abierto a distintas corrientes.

A menudo se ha menospreciado la profesión de médico porque, a los ojos de la gente, es tanto el que salva vidas como el que deja a las personas morir. Pero tanto si estaba reservada a la realeza, a la burguesía o a la Iglesia, Hipócrates, con su juramento, creó una auténtica ética y abrió la medicina al pueblo estableciendo el secreto médico para no comprometer la vida del paciente.

Simbolismo

La primera razón que puede empujar a una persona de manera inconsciente a convertirse en médico es que hay familias de médicos.

¡O eres médico o no eres nada! Hay una gran lealtad a esta profesión con la idea de que es la predominante en ciertas familias. ¡Salvamos la vida de la gente! ¡Qué puede haber más noble que eso!

Es posible que haya habido antepasados en la familia del médico que hayan muerto por falta de cuidados o por un diagnóstico equivocado. Por eso viene se repara lo que no se ha hecho o lo que se ha pasado por alto.

Por el contrario, puede haber una persona en la casa de los antepasados que fuera salvada por un médico y, como agradecimiento y honrar a este último, un descendiente también salvará a personas. Es posible que lleve a cabo una pesada misión de rescate que no es fácil de llevar para una persona que acostumbra a ver a personas muy enfermas o moribundas.

Puede ser para restaurar la imagen de la familia. Puede ser para elevar el estatus social de un árbol genealógico familiar pobre o para rehabilitar a una burguesía perdida.

En el pasado, el médico era una persona notable y gozaba del reconocimiento de todos. Podía continuar la carrera de antiguos notables que no se dedicaban necesariamente a la medicina: alcalde, cura, maestro.

También pueden haber existido hipocondríacos en la familia, así como al revés. Ambas funciones están íntimamente ligadas. Uno se convierte en médico cuando ha sufrido a un hipocondríaco, y uno es un hipocondríaco cuando no puede ser médico. En ambos casos, se pasa gran parte del tiempo y de la vida cerca de la medicina.

74. Militar

Papel e historia

El papel del soldado consiste en proteger a su país y defenderlo contra la agresión. Es un miembro de las Fuerzas Armadas, es decir, una institución para la defensa de los intereses estratégicos de un estado. El término «soldado» también se utiliza para referirse a un combatiente.

Una de las obligaciones de un soldado es seguir la disciplina y obedecer las órdenes militares, especialmente en tiempos de guerra. En todas las circunstancias, en general, sus derechos personales son muy limitados, ya que se supone que es un soldado las veinticuatro horas del día. La negativa a obedecer o la deserción se castigan de una manera muy estricta.

Se dice que el término «militar» proviene del latín *militāre*, que está relacionado con lo que concierne a la guerra, y también puede relacionarse con *miles,* que significa «soldado».

Simbolismo

El soldado es un soldado de la ley. Trabaja en el ejército, una gran familia, y se encarga de defender y proporcionar seguridad a las personas. Es un estatus social importante para la familia.

Una o varias personas pueden carecer de un arma para defenderse de un atacante, y se pide a la familia que acuda gente armada para asumir este papel. Los militares tienen un gran papel protector y pueden ser el elemento de seguridad de la familia.

El militar puede no haber estado seguro en su familia y haber tenido unos padres inseguros o incluso ausentes. Buscará una nueva familia en el ejército, con códigos, reglas, barreras y, sobre todo, un reconocimiento de su posición que quizá nunca haya tenido en casa.

Dado que el ejército es una profesión reservada a los hombres, la mujer militar puede demostrar que tiene tanto éxito como el hombre si en su familia no se tiene en cuenta a la mujer. También puede tratar de rehabilitar al hombre como elemento tranquilizador, para ponerlo en un pedestal si en su familia no era así.

Por último, alistarse en el ejército puede ser un acto de rebelión dentro de una familia antimilitarista, como para demostrar que la persona que se alista es capaz de tomar sus propias decisiones y desvincularse de los valores familiares.

También puede ser un acto de búsqueda de seguridad económica de una familia que puede haber sido económicamente insegura o que haya tenido carencias.

El soldado puede haber sido menospreciado, humillado o maltratado, y toma el poder empuñando las armas para demostrar que ahora puede defenderse o atacar.

Cuidado con él o ella, ya que ¡ahora son guerreros!

75. Modelo (maniquí)

Papel e historia

Un modelo o maniquí es una persona que posa o se expone para promocionar los productos de los diseñadores de moda.

La profesión de modelo apareció a principios del siglo XX. Hasta ese momento, la moda todavía no era un negocio. La confeccionaban sastres o costureras, que respondían a la demanda de ropa de la aristocracia.

A mediados del siglo XIX, un diseñador francés de origen británico, Charles Frederick Worth, le pidió a su esposa Marie-Augustine que presentara sus creaciones a las mujeres de la alta sociedad. Se convirtió así en la primera modelo de alta costura de París. Lanzó el concepto de «colecciones de alta costura», creó la primera casa de modas y organizó desfiles para presentar los diseños. Había nacido el modelaje.

Los primeros modelos tenían que parecerse a los clientes, y la profesión de mostrar el cuerpo no estaba muy bien vista. Hubo que esperar al siglo XX para que esta profesión fuera reconocida en su justo valor, y algunos de estos profesionales, hombres y mujeres, se convirtieran en iconos.

La palabra modelo procede del italiano modello, y ésta del latín vulgar *modellus*, diminutivo del latín *modĭlus*, «medida», «ritmo acompasado». En la Edad Media, las mujeres no podían mostrar sus ropas en público, y eran los pajes (jóvenes nobles al servicio del rey) quienes servían de modelo.

Simbolismo

Puede existir un tabú en la familia de la modelo sobre el cuerpo, y el profesional lo saca a la luz.

Los primeros maniquíes eran objetos inertes que se encontraban en un escaparate. Tal vez en esta familia no se tuviera en cuenta a la mujer o se la viera como un objeto, y el maniquí mostrara que la mujer puede existir, moverse, ser bella y reconocida. Es un guiño a las familias puritanas o burguesas, que consideraban que la mujer que mostraba su cuerpo era una «mujerzuela». La modelo demuestra que es digna y que puede llegar a ser apreciada, conocida y rica.

El modelo masculino puede proceder de una familia en la que el hombre es considerado el macho, la bestia, sin ninguna delicadeza. Puede rehabilitarse mostrando que se puede ser un hombre que se cuida, que va bien vestido y que tiene éxito en la vida.

Las personas que se dedican al modelaje destacan por su belleza física y sus virtudes estéticas. Puede que procedan de familias en las que sólo importan estas cualidades y actúan con lealtad a lo que se espera de ellas. Por el contrario, es posible que personas de su familia merecieran ser reconocidas por su belleza, y ellas reparan en lo que no se puso en un pedestal en su ascendencia.

La modelo puede haber sido menospreciada de niña, maltratada por su aspecto, carente de amor y reconocimiento. Lo repara demostrando que su aspecto es importante y que puede obtener amor y consideración de los demás.

El modelo es el único que tiene la oportunidad milagrosa de ser elegido para brillar y ser alimentado en todos los sentidos de la palabra. Es una bendición que uno de los hijos sea el elegido en esta difícil profesión en la que tan pocos pueden entrar…

76. Músico

Papel e historia

Un músico es una persona que conoce el arte de la música. Es capaz de componer y/o tocar música con diversos instrumentos.

La música ha existido en todas las sociedades desde la prehistoria. Es una forma de comunicación, de expresión emocional, de reunión, de vinculación social…

Los músicos han estado presentes a lo largo de la historia, pero su profesión no siempre ha sido reconocida como tal. Sin embargo, ya en la Edad Media, encontramos a los juglares, unos intérpretes de música instrumental a los que se recurría para celebraciones, bodas y funerales. A este músico se lo conoce más comúnmente como juglar.

Los religiosos, que utilizan la música y los cantos litúrgicos para difundir la palabra de Dios, no vieron con muy buenos ojos a estos músicos y cantantes callejeros que también utilizan su arte para transmitir mensajes a la gente. Ser músico se consideraba entonces una actividad y no una profesión. Aunque los debates teológicos de la época se centraban en la cuestión del reconocimiento y la remuneración de estos profesionales, los juglares ya estaban en nómina de los principales municipios y cortes principescas.

Hacia el siglo XIV, la profesión de instrumentista adquirió un reconocimiento y remuneración a la altura de su homólogo religioso.

Hoy en día no existe una carrera estándar para ser músico, pero varios diplomas permiten acceder a conservatorios e impartir clases.

El término «músico» deriva del latín *musicus*, y éste del griego mousikós.

Simbolismo

El dicho de que «la música amansa las fieras» encuentra quizás todo su significado en el músico, que puede proceder de una familia en la que había conflictos constantes y los padres gritaban con frecuencia. El niño puede haberse refugiado en la música para evitar escuchar los gritos.

Por el contrario, el músico puede haber estado en el vientre de una madre que escuchaba mucha música o en haber nacido en el seno de una familia donde la música estaba muy presente. Convertirse en músico puede haber sido una forma de no desvincularse completamente de su familia, con la que aún mantiene un vínculo musical.

El músico, que es un artista de gran sensibilidad, puede haber encontrado en la música el medio, como los juglares, de transmitir mensajes cantando o asociándose con cantantes para los que crea canciones y/o música. Tal vez no se le hizo caso cuando era un niño y decidiera comunicarse de otra manera.

También, para el músico masculino, como para algunas mujeres, constituye la posibilidad de rodearse de «musas» para crear y atraer hacia sí a personas sensibles a su arte. Impresionar a través de la música es abrir la puerta a hermosos encuentros. El músico puede haberse sentido solo, aislado, quizá menospreciado y carente de confianza en sí mismo. La música puede permitirle conocer gente, salir de su soledad.

Es posible que haya habido músicos en su historia a los que no se les haya reconocido su verdadero valor y él intenta resarcirse poniéndose en el candelero o haciéndose poner en el candelero a través del intérprete que cantará su música. Es una forma de ser reconocido sin ser necesariamente visto.

Él es su propia inspiración, su propia musa, no necesita a nadie más para crear.

77. Naturópata

Papel e historia

Los naturópatas son profesionales no convencionales cuyo objetivo consiste en reforzar las defensas del organismo por medios considerados naturales y orgánicos. La naturopatía es el arte de mantenerse sano y cuidarse por medios naturales.

Si observamos la humanidad desde sus orígenes y retrocediendo tanto como podamos, seremos conscientes de que primero se trató a sí misma con lo que encontró en la naturaleza. La cultura asiática se inspiró para crear técnicas terapéuticas utilizadas tanto en medicina preventiva como curativa, y en la antigua Grecia, Hipócrates dio lugar a las grandes bases de la naturopatía que algunos médicos actuales siguen empleando y creó el «juramento hipocrático», que se considera uno de los textos fundadores de la deontología médica. La medicina y la filosofía de este médico se basan en las mismas hipótesis que las de los filósofos naturalistas: cuatro elementos fundamentales: fuego, agua, tierra y aire, sobre los que se sitúan cuatro características que entran en la composición del cuerpo humano: caliente, frío, seco y húmedo, lo que recuerda las bases de la medicina china o ayurvédica.

La naturopatía tuvo su origen en Estados Unidos a finales del siglo XIX, y una de las primeras escuelas en Francia se creó hacia 1960.

El término «naturopatía» procede del inglés *naturopathy*, de *nature*, «naturaleza» y *-pathy*, «-patía».

El Mal. La palabra procede de una técnica de «curar el mal mediante la naturaleza».

Simbolismo

La primera hipótesis es que el naturópata procede de una familia que es cercana a la naturaleza y ha comprendido que es en ella donde tenemos la capacidad de encontrar todo lo necesario para vivir y sanar. Por ello, sigue transmitiendo el mensaje en una función más terapéutica, como si a través de esta profesión quisiera llegar al máximo número de personas y abrir su campo de práctica.

La segunda es que puede provenir de una familia muy anclada en la medicina tradicional y haber negado que ésta tiene sus límites y rechazado cualquier medicina alternativa en miembros de la familia que no sobrevivieron. Es una forma de mostrar que hay otras formas de pensar, de cuidarse, de alimentarse y de prevenir, y que no hay que quedarse anclado en las creencias.

El naturópata también puede proceder de una familia de urbanitas en la que podría haberse asfixiado. La ciudad, el ruido, la falta de naturaleza, la comida basura… pueden haber estado presentes en casa, y la vuelta a la naturaleza puede ser un segundo nacimiento con otra forma de vivir y de estar vivo.

Puede suponer que se ha olvidado la importancia de conectar con la tierra, con la naturaleza, poniendo los pies en contacto directo con el suelo, que tantos tesoros nos aporta. Las personas de naturaleza, como éramos los animales, se han convertido en personas de ciudad y han perdido el anclaje de sus «patas» con la naturaleza, nuestra *alma mater*.

Este profesional sensible, incluso hipersensible, puede haber crecido en una familia donde las emociones y los sentimientos no tienen cabida. Todo lo que debería ser natural puede haber sido atrincherado para dejar paso a lo procesado, lo químico o incluso a la mentira. El retorno a la naturaleza y a lo «real» es una reparación a una forma nociva de funcionar.

78. Niñero - Niñera

Papel e historia

Un o una niñera es un profesional del cuidado de niños que puede ocuparse de hasta cuatro, generalmente menores de seis años, en su casa o en la casa del cuidador.

Antiguamente recibía el nombre de nodriza, del latín *nutrix, -īcis,* «alimentar». No obstante, enseguida pasó a llamarse cuidadora de niños o niñera. Ahora la cuidadora de niños realiza mucho más que las funciones de apoyo vital y servicio de canguro.

En la Edad Media, cuando apareció la burguesía, la lactancia materna no se valoraba, la mujer burguesa tenía que ser más mujer que madre. Por lo tanto, eran las mujeres de origen humilde las que tenían el deber de amamantar, las nodrizas. Solían ser mujeres de campo que amamantaban a sus propios hijos y, al mismo tiempo, proporcionaban leche a los niños que a veces venían de lejos. En muchas ocasiones, si el niño sobrevivía al viaje, se encontraba lejos de sus padres biológicos y en compañía de diversos niños, porque la niñera acostumbraba a tener varios internos con los que aumentar sus ingresos. Ésta, sobrecargada de trabajo, no podía vigilar bien a los niños y los accidentes eran frecuentes.

Incluso dormir podía ser bastante peligroso. Los bebés dormían en bolsas colgadas en las paredes y, a veces, también en la cama de la niñera, donde en ocasiones algún pequeño resultaba aplastado mientras dormía.

A principios del siglo XIX, se amplió el control médico de los niños de origen obrero. Aparecieron los centros de protección de la infancia y se vigilaba de cerca a los niños acogidos por nodrizas. La primera legislación, la Ley Roussel, de 1874, establecía un código de derechos y deberes de las nodrizas para luchar contra la mortalidad y los malos tratos asociados a la acogida de niños.

A partir de 1960, se introdujeron manuales para enseñar acerca de la maternidad. También se enseñaba psicología infantil.

Aunque muchas mujeres empezaron a trabajar, se consideraba que era preferible que siguieran quedándose con sus hijos para criarlos. Existían pocas guarderías colectivas y el trabajo de las cuidadoras de niños no estaba bien regulado. Había mucho trabajo no regulado y, por tanto, los recursos en caso de problemas con los niños eran escasos. Hasta más tarde las cuidadoras de niños no tuvieron la tarea oficial de ayudar a los padres en sus tareas educativas con su hijo.

Simbolismo

Es posible que haya habido madres de acogida o mujeres en línea ascendente que hayan podido salvar vidas o cuidar de niños que no eran suyos.

También se puede encontrar en la genealogía una reparación de las madres que no se hicieron cargo de sus hijos. Se asiste a la madre en su incapacidad.

La niñera era quien alimentaba al niño, pero también actuaba como madre sustituta. Además de proporcionar alimento al pequeño, también podía «alimentarlo» con amor cuando estaba solo, aislado, sin madre.

La cuidadora puede tener la tarea de «alimentar» al niño con todas sus carencias y necesidades. Ella misma puede haber carecido de «alimento» materno y haber dado gran parte de él a los niños que estaban a su cargo. Puede asumir el papel de salvadora y, a veces, identificarse con la madre del niño al que cuida u ocupar su lugar, convirtiéndose en su propia madre o reparándose en ella misma.

79. Notario

Papel e historia

El notario es un funcionario público que se encarga de redactar y autentificar escrituras y contratos.

El nombre procede del latín *notarius*, que significa «secretario», «escriba». El notario redacta escrituras y, desde la antigüedad, los funcionarios romanos se encargaban de redactar y autentificar escrituras y contratos. Su primera función era identificar y registrar las tierras de los ciudadanos para calcular los impuestos que debían pagar.

En España los notarios se rigen por la Ley de 28 de mayo de 1862.

Simbolismo

Los antepasados del notario pueden haber perdido sus tierras porque no constaba en ningún registro que les pertenecieran y se quedaron sin nada. Por eso, en esta familia es importante que todo esté registrado y autentificado.

Es posible que hubiera personas desarraigadas, que se trasladaron de una ciudad a otra, de un país a otro, y que acabaran sin nada. Algunos pudieron huir a causa de la guerra y, cuando volvieron a casa, se vieron privados de su casa y sus tierras porque en aquella época los documentos no eran oficiales.

Las personas del clan que perdían una propiedad y no podían demostrar que les pertenecía sólo podían callar. El notario no se calla. Prueba con palabras y hechos porque tiene el deber público de registrar y autentificar.

También hay herencias en la familia que no han ido bien, expolios, personas a las que se les ha quitado todo, y el notario intenta reparar todo ello. Asimismo, deja constancia de las últimas voluntades del enfermo o del anciano para respetar sus decisiones y transmitírselas a sus herederos.

80. Óptico - Óptica

Papel e historia

El óptico fabrica y vende instrumentos ópticos, gafas, lentes, lupas, etc.

La palabra procede del latín medieval *opticus*, «relativo a la visión», y ésta del griego *optikós*. Sería, por tanto, el que utiliza el arte o la técnica de la visión.

En el siglo xv, el fabricante era el único autorizado a fabricarlas tallando las lentes en cristal de roca. El berilio, utilizado por sus propiedades de transparencia y dureza, dio, sin duda, su nombre a las primeras gafas: los beziclos. Fue en el siglo xviii cuando los fabricantes de gafas se convirtieron en ópticos.

Simbolismo

Evidentemente, cabe suponer que en esta familia había personas con discapacidad visual o ciegas.

Es posible que haya habido personas a las que les haya resultado difícil avanzar porque «no veían más allá de su nariz». El óptico abre la capacidad de visión del mismo modo que puede ampliar el campo de conciencia.

El ojo es el órgano que nos permite ver a la otra persona y mirarla con emoción. Las personas que ya no pueden ver o que ven mal pueden no ver que la otra persona tiene problemas o no mirarla con compasión. El «no me veo» o «no le veo» es una pista de la falta de consideración que se puede tener por alguien o por uno mismo.

El óptico permite a las personas verse mejor a sí mismas y a los demás. Trata los ojos para curar el alma y la emoción. Puede que en su infancia no le miraran ni le vieran como él quería. O tal vez no le hayan visto en absoluto; puede que haya sido transparente en su familia. Por eso fabrica gafas, para que la gente pueda ver mejor a quienes le rodean.

De hecho, para él y su clan, la mirada del otro es importante, e incluso esencial. Pero debe ser justa. Por eso se asegura de que no se distorsione la mirada de los demás. Así, será visto como un buen óptico que cuida de la gente.

81. Osteópata

Papel e historia

La osteopatía es una herramienta terapéutica no convencional. Su práctica manual pretende comprender los desequilibrios del cuerpo humano analizando sus diferentes sistemas para realizar manipulaciones precisas con el fin de hacerse cargo de las disfunciones y reequilibrarlas.

Fue en el siglo XIX cuando la osteopatía apareció en Estados Unidos como una forma diferente de tratarse basada en la unidad del ser humano. En el siglo XX, fueron creadas diversas instituciones de formación.

En 1960, en Francia, la Orden de Médicos logró obtener de los poderes públicos el cierre de la Escuela Francesa de Osteopatía y reservó la práctica de este método únicamente a los médicos.

Pero los osteópatas no están derrotados, sobre todo porque muchas personas están a favor de esta técnica por el bienestar que proporciona. Así, en Francia, este hecho social indiscutible favorece la integración de la osteopatía dentro de la medicina alternativa por parte del estado en la década de 2000.

Se dice que la palabra «osteopatía» procede de osteo-, «hueso», y -patía, «enfermedad».

Simbolismo

Los chinos afirman que los huesos y, especialmente, la columna vertebral son la estructura de nuestra casa.

Detrás del osteópata existe una noción de estructura, que puede estar representada por el aspecto físico del individuo, que puede haber sido dañado, roto, o herido en la guerra o en la vida. La profesión servirá para reparar las heridas físicas de los antepasados.

Algunos habrán sido salvados o reparados después de un accidente y la gratitud fluirá por la genealogía para hacer surgir de nuevo a un salvador. Éste puede tener la misión de volver a poner a la persona en pie, sin margen para el fracaso, porque tiene una imagen de salvador. El exceso de poder que la familia le habrá prodigado, a veces de forma invisible, puede hacer que se sienta obligado a triunfar y dificultar que se cuestione a sí mismo.

Por el contrario, algunas personas de esta familia pueden haberse convertido en minusválidas, o haber nacido con una minusvalía sin que nadie haya podido cambiar el fenómeno de forma positiva. El osteópata intenta reparar lo que no se pudo reparar en su genealogía. A través de cada persona que trata, intentará curar a aquella de su familia que no ha conseguido curarse. La carga emocional puede ser fuerte porque el desapego no es fácil cuando se desea reparar a toda costa a un padre simbólico.

El desequilibrio también puede encontrarse en la estructura familiar. En efecto, una familia desarticulada o rota transmite una imagen de sufrimiento que puede ser mal vivida en la descendencia. Por eso, en ocasiones, a través del trabajo sobre el cuerpo, el osteópata restablece la paz en la estructura familiar. El cuerpo es vida, y si avanza con ligereza y sin sufrimiento, la construcción de un afecto positivo vendrá después. El osteópata ayudará así a restablecer la serenidad en el clan.

82. Panadero - Panadera

Papel e historia
El panadero prepara y hornea pan y bollería.

El término panadero procede de «pan», uno de los alimentos básicos de la humanidad a lo largo del tiempo. A su vez, «pan» procede del latín *panis*.

Simbolismo
Además de la lealtad a los padres del panadero, es probable que la persona que eligió esta profesión procediera de una familia que pudo carecer de los alimentos básicos necesarios para sobrevivir.

Por otro lado, este último puede haber tenido un antepasado que salvó a la familia mezclando ciertos alimentos para hacer una bola, que amasaba y servía como alimento básico. Si escaseaban los cereales, los pobres podían elaborar pan con otros ingredientes, como, por ejemplo, paja, raíces, hierbas o cualquier otro alimento que fuera comestible.

Se produce en reparación de la carencia o en lealtad a quien fue capaz de proporcionar la base para solventar la carencia.

Durante la Primera Guerra Mundial, el pan escaseaba porque los campos de trigo se utilizaban más para las batallas que para la cosecha, por lo que el pan, un alimento básico, se convirtió en un alimento de lujo.

El panadero es también quien elabora un bien precioso que pone a disposición de todos. Reintroduce cierta idea de justicia. Todo el mundo tiene derecho a lo mejor.

83. Peluquero - Peluquera

Papel e historia

El trabajo del peluquero consiste en peinar y cortar el pelo y, a veces, afeitar la barba. La palabra «peluquero» está relacionada con «pelo», que procede del latín *pilus*.

En el siglo XIII, la profesión de peluquero no existía; apareció hacia el siglo XVII. Los que cortaban el pelo o afeitaban eran barberos y bañistas. El barbero también ejercía como cirujano.

Simbolismo

Hasta el siglo XVIII, la cofia o tocado, que se llevaba en la cabeza, estaba reservada a las mujeres de clase alta, que la llevaban como adorno indispensable de sus refinados atuendos. Tras desaparecer del armario de las mujeres elegantes, se convirtió en un accesorio de las mujeres rurales.

Cabe suponer que la profesión de peluquero implica a personas cuyo tocado era un adorno importante para sus antepasados, bien porque eran nobles y representaba un estatus social bastante elevado, bien porque afirmaba la pertenencia a un grupo en el campo. En algunas regiones, todavía existen grupos folclóricos con una fuerte identidad en la indumentaria, incluidos los tocados.

En el pasado, la longitud y el conjunto del cabello eran uno de los primeros signos de reconocimiento del estatus de una persona. Es posible que el peluquero tuviera en su familia personas cuyo pelo y peinado fueran un elemento importante de su estatus o, a la inversa, que tuviera antepasados rapados, calvos, mal peinados y quizá muy pobres.

Para la persona que peina, el cabello es uno de los elementos más importantes, y el peinado es un activo que contribuye a la belleza de la persona. Es posible que de niña se sintiera frustrada porque sus padres le cortaban el pelo o no le dejaban libertad en el peinado.

No olvidemos que el barbero también era cirujano en aquella época, y si relacionamos el pelo con la enfermedad, lo cierto es que un enfermo se siente mucho mejor cuando el espejo refleja su imagen de su persona bien peinada. Para las personas hospitalizadas o en residencias de ancianos, arreglarse el pelo forma parte de su bienestar. El peluquero puede haber tenido familiares debilitados que no podían permitirse cuidarse y arreglarse. Así que decide hacer que el mayor número posible de personas estén guapas.

El moldeador da forma al cabello en muy poco tiempo.

84. Periodista

Papel e historia

El periodista es quien elabora, escribe y presenta un periódico o una parte concreta de un periódico cuando está especializado en un campo específico. Informa al público a través de un medio de comunicación.

A principios del siglo XIX, el periodista era el creador del periódico. Luego pasó a ser la persona que escribía los artículos. La profesión evolucionó, pasando de un redactor dandi y a veces pícaro a un aventurero temerario pero a menudo heroico. Pero esta imagen, transmitida con más frecuencia por los medios de comunicación, no representa a la mayoría de los periodistas que persiguen la «noticia» interesante, presionados por la falta de tiempo y una información que debe llegar cada vez con más rapidez al público.

Simbolismo

El trabajo de este profesional consiste en elaborar una lista de lo que ha ocurrido durante el día.

Los primeros periódicos eran gacetas, del latín *gaza,* que significa «tesoro», «riqueza».

Dado que el dinero es la base de la construcción y la seguridad del individuo, el periodista debe, a través de la gaceta, tranquilizar al lector revelándole el fundamento de los hechos relatados. El periódico debe eliminar los rumores y revelar la verdad de los hechos de la forma más rápida y explícita posible. El periodista se convierte en un auténtico detective privado.

Cabe imaginar que en el relato del periodista había mentiras o elementos ocultos. Puede tratarse de una familia en la que abundan los rumores, pero nunca basados en hechos concretos.

Puede haber historias no contadas o secretos familiares que hayan perjudicado a miembros de la familia. Esto puede venir de dentro o de fuera de la familia, pero probablemente de alguien de fuera que inició un rumor falso.

Puede que una persona haya sido acusada de manera injusta y que todo el clan haya sufrido las consecuencias. La búsqueda de la justicia a través de la palabra nos lleva a pensar que podría haberse producido un error o incluso una persecución de un miembro o de toda la familia.

También existe la idea de destacar un acontecimiento o un funcionamiento para informar o hacer reaccionar.

Tal vez el periodista proceda de una familia en la que no veían más allá de sus narices. Nada es serio, nada es importante, nada es vital mientras no nos afecte. En ocasiones el cuestionamiento es tan doloroso que preferimos no entrar en él.

85. Policía

Papel e historia

La función del agente de policía es hacer cumplir la ley y garantizar la seguridad pública.

La palabra «policía» procede del latín politīa, «organización política», «gobierno», y ésta del griego *politeía*.

Etimológicamente, la policía es el arte de gobernar la ciudad. El policía se encarga de velar por la seguridad interior regulando las disputas entre las personas y velando por la seguridad de los individuos y los bienes, interviniendo en robos o agresiones de todo tipo.

El policía es un funcionario responsable de la seguridad de los ciudadanos.

El 13 de enero de 1824 apareció la Policía General del Reino, que fue el germen de la Policía Nacional Española. No obstante, la primera institución armada con competencias en seguridad pública fue la Santa Hermandad, creada por Isabel la Católica en 1476.

La historia del policía evolucionó desde la Edad Media hasta nuestros días, pasando de miliciano a funcionario del estado.

Simbolismo

El respeto es muy importante para el policía, lo que quizá demuestre que no fue respetado de niño o que algunos de sus antepasados fueron irrespetuosos.

Puede haber agresiones no resueltas en su familia, autores no detenidos y violaciones que tienen un alto impacto en el respeto a la persona, como agresiones sexuales o mujeres rapadas en público durante la guerra.

Como es el encargado de velar por la seguridad «interna», cabe pensar que en su árbol no sólo hubo atentados contra la integridad de la persona, sino también contra su mente. Los antepasados pueden haber sido internados en un hospital psiquiátrico como consecuencia de un suceso traumático.

El policía puede repetir una función familiar como reparación. Un antepasado (o varios) puede haber sido un bandido, estafador, asesino, ladrón… y redime la imagen familiar deteniendo a los forajidos.

Es el elemento tranquilizador de la familia, porque ésta debía de estar insegura, y no es extraño que sea a él a quien acude la gente en busca de consejo, ya sean los más jóvenes o los mayores, porque desempeña su papel de sabio.

86. Policía (gendarme)

Papel e historia

El gendarme es un oficial militar responsable de la seguridad de Francia. Etimológicamente llamados «gente de armas», en la Edad Media se conocían con el nombre de *maréchaussée* (marescalcia). Más tarde se convirtió en la Gendarmería Nacional. Desde finales de la Edad Media hasta la época moderna, la gente de armas formaba parte de una tropa de jinetes armados al servicio del ejército francés.

Simbolismo

El gendarme es un militar, un soldado de la ley. Es el que, dentro del ejército, una gran familia, tiene la responsabilidad de hacer cumplir la ley y hacer que la gente se sienta segura.

Es muy probable que en la familia del gendarme haya existido inseguridad o alguien haya sufrido un trauma sin que nadie castigue al responsable.

Una o varias personas pueden carecer de un arma para defenderse de un atacante y se pide a la familia que acuda gente armada para asumir este papel. El gendarme tiene un importante papel como protector y puede ser el elemento de seguridad de la familia.

Es posible que en la familia haya habido forajidos o incluso delincuentes, y el gendarme está ahí para enmendar las cosas, para devolver la justicia a la familia.

También puede no haber estado seguro en su familia, haber tenido unos padres inseguros o incluso ausentes. Buscará una nueva familia en el ejército con códigos, normas, barreras y, sobre todo, un reconocimiento de su posición que quizá nunca haya tenido en casa.

El militar lucha para proteger su territorio y a todos sus habitantes.

87. Psicólogo - Psicóloga

Papel e historia

La psicología es una disciplina que pertenece a la categoría de las ciencias humanas. Estudia los hechos psíquicos, el comportamiento y los procesos mentales, y reúne conocimientos sobre los sentimientos, las ideas y el comportamiento de una persona y sus diversas reacciones como individuo o en grupo.

La palabra «psicología» procede de *psico-* y *-logía*.

El psicólogo es un profesional de los aspectos subjetivos, afectivos y cognitivos del funcionamiento psíquico y sus psicopatologías. También analiza el comportamiento humano, la personalidad y las relaciones interpersonales de sus pacientes.

En España, la primera facultad donde se impartieron estudios de psicología fue la Complutense de Madrid, hacia la década de 1960. Antes estaba incluida en filosofía.

Muchas cuestiones psicológicas fueron tratadas por la filosofía desde la antigüedad. La psicología como disciplina independiente sólo se desarrolló de forma más objetiva a partir del siglo XIX.

Fue en el siglo XVIII cuando el sucesor de Leibnitz, el filósofo alemán Christian Wolff, introdujo definitivamente la palabra «psicología» para designar la ciencia del alma.

Simbolismo

El psicólogo procede seguramente de una familia en la que el ser humano tiene una importancia considerable o bien carece de valor. En efecto, tanto si se respetó al niño como si no, la misión del psicólogo consistirá en hacer que se respete o no al niño.

Puede que le haya faltado amor y reconocimiento y haya comprendido que el equilibrio de cada individuo procede de su construcción y autoestima.

Existen diversas especialidades en psicología, y dependiendo de la que haya elegido, podemos pensar que trata de reparar un problema familiar. Pueden haber existido problemas religiosos con antepasados que negaron o combatieron la religión y se convirtieron en las «almas perdidas», de ahí el trabajo sobre la ciencia del alma.

Es posible que a los antepasados les haya faltado aliento y energía para avanzar en sus vidas y estén exhaustos. El psicólogo insufla nueva vida a las personas. Su familia puede haber estado aislada, apartada, en una gran soledad con falta de vínculos con el mundo exterior, lo que generó un cierre familiar. El psicólogo trabaja la apertura a los demás, la comunicación.

Puede que haya habido personas en la familia que hayan sido internadas o tachadas de «locas» cuando lo único que hacían era comportarse de un modo inexplicable. El profesional tratará de explicar cualquier funcionamiento «diferente» y pondrá en marcha herramientas para ayudar a la persona a afrontar el problema.

Comprender cómo funciona el individuo y encontrar las claves para mejorar es la consigna del psicólogo.

88. Puericultor- Puericultora

Papel e historia

La puericultora es responsable del cuidado y la educación de los niños desde su nacimiento.

La palabra «puericultura» procede del latín *puer,* «niño» y *-cultura.* La puericultura es, por tanto, la cultura o celebración del niño. Fue a finales del siglo XVIII cuando los médicos empezaron a cuestionarse la mortalidad infantil y los estados empezaron a preocuparse ante el hecho de que entre un tercio y una cuarta parte de los niños murieran durante los primeros años de vida. En Francia, por ejemplo, la ley de protección de la infancia de Theodore Roussel de 1874 obliga a vigilar a todos los niños en guarderías desde los dos años. Se hace especial hincapié en la educación de las madres y su derecho a cuidar de sus hijos durante las primeras semanas. La educación sanitaria y el seguimiento de los embarazos y de las madres jóvenes contribuyeron a reducir la mortalidad infantil.

Tras la Segunda Guerra Mundial, se necesitaba mano de obra y era importante mantener vivos a los niños. El estado se ocupaba de ello.

A principios del siglo XX, en Francia, se creó en la facultad de París la escuela de puericultura, a la que siguió el diploma de estado en 1947. Estaba dirigida a asistentes sociales, matronas y enfermeras.

En España, la primera escuela de puericultura fue la Escuela Nacional de Puericultura (ENP) en 1923. Allí se podían cursar estudios de enfermera visitadora puericultora y comadrona puericultora.

Simbolismo

Sin duda, hay niños en la familia que no han sido bien atendidos, o ni tan siquiera fueron atendidos.

Puede haber habido huérfanos, niños maltratados o internados en instituciones infantiles, y la puericultora puede actuar como la madre, o el padre si es hombre. El profesional puede haber sido abandonado o maltratado.

El niño es sagrado y puede ocurrir que la puericultora no consiga tener uno propio. En consecuencia, se ocupa de los hijos de otras personas, incluso poniéndose en el lugar de la madre, sobre todo si ésta no le parece lo bastante maternal.

Puede existir una especie de injusticia para el niño, para la familia e incluso para el cuidador que repite el patrón. Es posible que la madre se haya ausentado de su papel aunque estuviera allí y otra persona cuidara de los niños.

Uno puede estar en una familia en la que hubieran fallecido muchos niños en la infancia por falta de cuidados o por malos tratos, y el estado del niño es primordial para estos profesionales de la infancia.

89. Quiropráctico - Quiropráctica

Papel e historia
Se dice que la quiropráctica o quiropraxia fue fundada en el siglo XIX por Daniel David Palmer. Su objetivo era optimizar la salud de las personas mediante una práctica manual poco convencional. La palabra «quiropraxia» procede de *quiro-* y el griego *-praxía*, «acción», «actuación».

Simbolismo
Hacer el bien con las manos es clave en esta técnica de medicina alternativa. Es muy posible que en esta familia las manos no sólo hicieran el bien. Pueden haber golpeado o incluso causado lesiones más graves. El quiropráctico repara mostrando que las manos también pueden sanar y hacer el bien.

Un antepasado puede tener las manos dañadas, amputadas tras un accidente, y el profesional usa sus manos para reparar.

Existe una noción del trabajo manual ligada a la salud, como si en esta familia ambas cosas se pusieran al mismo nivel. Existe mucha libertad en los valores familiares y los descendientes no están influidos por sus antepasados.

No obstante, seguir una trayectoria profesional fiel al linaje puede resultar una rebelión contra una voluntad familiar.

En esta familia también puede existir rechazo a la medicina o a los fármacos, de ahí el interés por las técnicas de sanación manual que no requieren ninguna aportación médica, salvo el conocimiento del funcionamiento del organismo humano.

90. Restaurador - Restauradora

Papel e historia

El restaurador es la persona que regenta un restaurante. En el ámbito del arte, se trata de la persona que restaura un objeto, una obra arte o un edificio.

La palabra «restaurador» procede del latín *restaurātor, -ōris*.

Tanto si se trata de un objeto como de una persona, el restaurador es quien trabaja para que recupere su estado óptimo.

Restaura a una persona a través de la comida porque su cocina nutre, llena y restaura a la persona que acude a su restaurante.

De otro modo, el restaurador utiliza su arte para rehabilitar una obra de arte, sea la que sea, y hacer que recupere el «mejor estado posible».

Los primeros «restaurantes» eran caldos que restablecían la consistencia de los alimentos y daban nombre al lugar donde se ofrecían a los viajeros.

En términos artísticos, aunque los cuadros se creía que eran la representación del arte en el mundo, no se consideraron obras de arte hasta el siglo XVIII. Fue entonces cuando la historia del arte dejó de ser tan sólo para la realeza, y los aficionados y conservadores recurrieron a restauradores para rehabilitar obras de arte, que se convirtieron en documentos históricos.

Simbolismo

La misión del restaurador consiste en restaurar, reparar. En su historia, puede haber habido personas que se dedicaban a ello o que restauraban cosas sin que se reconociera su trabajo. Llega a la reparación siendo un profesional reconocido, ya sea del arte o de la alimentación.

Puede que sus antepasados carecieran de alimentos y tuvieran la suerte de conocer a una o varias personas que los restituyeron. En agradecimiento, él, a su vez, restaura.

Por el contrario, algunas personas pueden haber pasado hambre por no haber sido restauradas, y él lo compensa haciendo de ello su trabajo de restaurador.

Es posible que el restaurador se sintiera frustrado de niño por no ir nunca a un restaurante, ya fuera por falta de dinero o por convicción. Puede que se viera obligado a comer alimentos que no le sentaban bien y eso no cambiara mucho. Regentar un restaurante también significa ofrecer a los clientes una selección de alimentos y, sobre todo, asegurarse de que disfrutan con ella.

Puede haber crecido en una posada o en un restaurante, y con esta profesión se mantiene fiel, en la línea, o no se atreve a abandonar una tradición familiar y cultural y permanece en el estatus familiar sin poder ascender más.

Con este trabajo, la persona puede demostrar que tiene cierto poder, el de hablar, el de ser escuchado, ya sea con los empleados o con los clientes, porque puede tener cierta necesidad de ser reconocido. Es posible que no haya sido reconocido en su infancia.

En el arte de la restauración, puede haber personas en la familia que hayan poseído objetos de arte que se hayan destruido por falta de reparación, lo que puede haberles causado decepción y pérdida de dinero. Otros pueden haber perdido una casa, un castillo, una iglesia, un lugar que estaba cerca de sus corazones o cualquier otro lugar de sus vidas por falta de reparación o restauración. El restaurador está ahí para devolver a la vida obras o lugares que pueden haberse perdido por culpa de un familiar que no se ha recuperado.

Puede existir una noción estética o médica paralela a la de los seres humanos. Si no puede rejuvenecer a una persona de su familia, arreglarla, hacerla entera, el restaurador intentará hacerlo con las cosas que rodean a la gente. Restaurar el exterior siempre hace bien al interior.

91. Secretaria

Papel e historia

El trabajo de una secretaria consiste en ocuparse, la mayor parte del tiempo, en una oficina, del correo, las comunicaciones telefónicas, redactar las actas de las reuniones, gestionar la agenda de un empleado, una empresa, un establecimiento, etc.

Esta profesión hoy está representada principalmente por mujeres, aunque no siempre fue así. En el antiguo Egipto, sólo unos pocos hombres sabían escribir, y se les llamaba escribanos. Fueron los primeros secretarios.

A partir del siglo XIX, con el crecimiento de la industria, se crearon muchos puestos de trabajo, con una demanda especial de trabajos de escritura. Fueron los hombres los primeros «oficinistas», ya que las mujeres aún no se habían incorporado al mercado laboral.

A finales de siglo, los puestos de secretaria en la Administración se abrieron a las mujeres y, a principios del siglo XX, apareció la máquina de escribir. Así nació la profesión de taquimecanógrafo, ejercida sobre todo por mujeres, de las que se dice que son más hábiles, más rápidas y cometen menos errores de ortografía.

Había nacido la profesión de secretaria, que se convirtió en un ideal para muchas mujeres porque resultaba gratificante y permitía compaginar su actividad profesional con la vida familiar.

Hoy en día, esta profesión es esencial y a muchas empresas les costaría desprenderse de su secretaria, que es el pilar del conocimiento y el alma de la empresa.

Simbolismo

Esta profesión podría corresponderse con un problema relacionado con el aprendizaje de la escritura y la lectura.

La secretaria puede proceder de una familia en la que ha habido una larga historia de analfabetismo y, o bien la familia ha sufrido por ello, o bien ha tenido que recurrir a una persona ajena para que la ayudara. La secretaria puede devolver la ayuda que recibió la familia escribiendo para otros, o puede compensar la falta de ayuda convirtiéndose en la encargada de gestionar los escritos de los demás.

Puede proceder de una familia extranjera que llegó al país sin conocer el idioma y que sufrió mucho por ello. Como consecuencia, domina a la perfección la lengua, la lectura y la escritura para compensar esta carencia familiar.

Es posible que sus padres no hablaran ni oyeran bien y que actuara como secretaria infantil de su familia.

Puede perpetuar la creencia arraigada en la familia de que ésta es una ocupación ideal para las mujeres. Si la familia tiene una fuerte necesidad de seguridad, puede orientar a las mujeres hacia empleos «femeninos», como secretarias y enfermeras.

También puede reparar a la mujer que ha sido menospreciada y no reconocida en su familia. Como la secretaria es el elemento indispensable de la empresa o del hombre en muchos casos, se convierte en el pilar del hombre y restaura la imagen de la mujer.

Su padre puede haber sido un profesional que no podía permitirse una secretaria y puede haber pasado todo el tiempo haciendo su trabajo y escribiendo. Si esta carencia puede haber causado la ausencia del padre en casa, entonces la secretaria lo compensa aligerando la carga del hombre para que pase más tiempo en casa, o no…

¿Existe algún secreto que ocultar en esta familia? Seguramente esta profesional lleva la pista en su trabajo. En cualquier caso, es una pista a seguir…

92. Sofrólogo

Papel e historia

La palabra «sofrología» procede del griego *sōphrōn*, «sano de mente» y *-logía*.

Sofrología es un término creado por Alfonso Caycedo, médico neuropsiquiatra, para designar un método que ideó en 1960 para el estudio de la conciencia armónica y el equilibrio entre cuerpo y mente. Esta técnica persigue, mediante la práctica diaria, la serenidad, la paz y la armonía del ser humano.

Este método reúne varias técnicas en las que se inspiró su creador: la hipnosis, el entrenamiento autógeno de Schultz, la relajación progresiva de Jacobson, el yoga, el budismo zen, etc., pero ha evolucionado considerablemente «modernizándose» con técnicas procedentes de la psicología, la psicopatología, el psicoanálisis y la psicosomática, con el fin de afinar el trabajo con el individuo. Hoy en día existen muchas formas diferentes de sofrología, siempre centradas en el bienestar y la armonía entre cuerpo y mente.

Simbolismo

El sofrólogo es una persona que tiene la gran misión de ayudar o salvar al otro. Pudo crecer en el seno de una familia cariñosa y devolver a los demás lo que recibió porque comprendió que es bueno escuchar y entender al otro para que pueda avanzar de forma positiva al igual que le sucedió a ella.

Por otro lado, es posible que le haya faltado amor y reconocimiento, y como se ha dado cuenta de que esto es esencial, intentará enseñar a la gente a recuperar su autoestima.

Debe de haber habido grandes desequilibrios emocionales en su historia, y será el encargado de reequilibrar la armonía en el seno de las familias restableciendo una comunicación sana y compasiva.

Sus antepasados, o incluso él mismo, habrán tenido dificultades para gestionar las emociones negativas y esto puede haber repercutido en sus vidas, ya sea física o psicológicamente. Incluso puede haber existido confinamiento, de ahí el deseo de restablecer la respiración y la calidad de ésta en las personas que recibe.

El sofrólogo también puede proceder de una familia que favoreciera el desarrollo únicamente de la mente o tan sólo del cuerpo, y restablece el vínculo entre ambos.

También ayuda a abrir las conciencias. Puede que en su familia, la apertura o el cierre a la religión haya repercutido en una especie de confinamiento o estancamiento espiritual con incapacidad para abrirse a otra visión de la vida.

El sofrólogo está ahí para dar un nuevo soplo de vida de la gente que viene a verlo.

93. Técnico - Técnica

Papel e historia

Un técnico es una persona que domina una técnica, es decir, que posee, conoce y aplica una ciencia determinada.

Suele ser un profesional cualificado con responsabilidades técnicas en su trabajo. La ocupación de técnico existe en diversas actividades profesionales y se adoptó a finales del siglo xx en todas las profesiones, incluso las administrativas, que requerían una técnica de trabajo específica para ese puesto.

La palabra «técnica» deriva del latín moderno *technicus,* y ésta del griego *technikós.*

El técnico es lo contrario del teórico, porque se interesa por la atención, se centra en el «cómo» y no en el «porqué».

Simbolismo

Este profesional ha decidido ser práctico. O bien procede de una familia de artesanos o trabajadores manuales, o bien es un rebelde de una familia de intelectuales, pero sigue ocupando un puesto de responsabilidad.

El técnico posee y domina una técnica que puede aportar cosas a cualquier oficio y puede ser del mismo modo un «técnico de superficie» o un «técnico de ingeniería». El técnico puede proceder del seno de una familia de «fabricantes», y con este título establecerse en una función más segura, pero aún con un aspecto práctico.

Puede que haya existido inseguridad económica en la familia y convertirse en técnico le proporcionara un estatus más estable.

El técnico puede haber sido un niño curioso que tuvo que entender con sus manos para dominar. Puede que haya tenido que aprender desde pequeño a fabricar, reparar o practicar técnicas específicas para ser considerado, reconocido o simplemente para salir adelante por sí mismo.

El técnico puede llevar una responsabilidad familiar y permanecer en esta misión con un trabajo en el que es técnicamente responsable. Por el contrario, pueden haberle tildado de irresponsable y repara con un trabajo que conlleva responsabilidades técnicas.

En función de la actividad en la que sea técnico, el símbolo podrá evolucionar y perfeccionarse. Entonces será posible buscar la especialidad en los demás oficios presentados.

94. Transportista de mudanzas

Papel e historia

El transportista es la persona cuyo trabajo consiste en retirar objetos y muebles de un lugar a otro.

El transportista tiene la imagen de alguien que posee una gran fuerza y es capaz de cambiar las cosas. Una cosa se mueve de su situación actual cuando se produce un cambio importante, un acontecimiento que hará que las cosas se muevan con fuerza.

Simbolismo

El transportista de mudanzas está ahí para demostrar su fuerza física y su capacidad para cambiar las cosas. Puede que fuera un niño enfermizo, maltratado o sumiso, incapaz de cambiar las cosas. Así que se convirtió en un adulto fuerte y capaz de desplazar montañas. Hace físicamente lo que quizá no pueda hacer a nivel emocional. Es posible que su sensibilidad le haya encerrado en una fortaleza que le protege de cualquier agresión.

Puede ser leal a los hombres que han utilizado sus capacidades físicas de forma más profesional y, aunque desea cambiar las cosas, sólo lo hace de manera virtual, trasladando enseres domésticos.

Puede haber soñado con marcharse, con cambiar de lugar, sin hacerlo necesariamente. Además, cada vez que desplaza a otros, a través de ellos viaja en cierto sentido, cambia de lugar.

Pero no se encariña. No tiene tiempo para establecer vínculos con los hogares que traslada, por lo que lo hace de forma desapegada y desconsiderada, sin riesgo de poner en peligro las emociones.

Tener los hombros de un transportista puede tener otra visión distinta que la de un hombre fuerte; también el hecho de llevar tantas cosas pesadas sobre los hombros puede indicar que uno se ha puesto una coraza o una armadura para no derrumbarse bajo el peso de los ataques emocionales. Siempre hay un corazón dentro de un físico, no lo olvides.

95. Ujier (alguacil, ordenanza)

Papel e historia

El nombre completo es «ujier judicial». En su origen, el ujier se situaba a la puerta de la sala donde se celebraba un juicio y era el responsable de que la vista se desarrollara con normalidad.

Era el ujier quien se encargaba de hacer entrar en la sala a las personas que habían sido citadas y esperaban fuera de ella.

Hoy en día, el ujier judicial es un funcionario. Aunque sus prerrogativas son diversas y variadas, la connotación de «el que viene a echarnos y a privarnos de todo» sigue estando muy presente para mucha gente, y hace de ella una persona temida. Sin embargo, es quien busca la mejor solución para que todo salga bien. Pero su trabajo consiste en velar para que se respete la ley y encontrar el mejor acuerdo posible entre el litigante y el demandante o la justicia.

También es para muchos el que tiene derecho a violar la prohibición de entrar en un domicilio privado sin autorización. En efecto, el agente judicial, si así se lo ordena el tribunal, está facultado para abrir la puerta de una propiedad privada con el fin de realizar un inventario de los elementos materiales susceptibles de ser vendidos para saldar total o parcialmente la deuda de este particular.

Simbolismo

Sin lugar a dudas, detrás de esta profesión existe una historia relacionada con las puertas.

Ya sea el guardia o el que la abre sin permiso, es el que permite el paso a la justicia.

En esta historia familiar, puede haber personas que hayan sido «expulsadas» de su casa por un problema económico. Si se trata de un acto de injusticia o de falta de diálogo, el agente judicial lo repara aportando a su trabajo la justicia y la comunicación entre las dos partes.

Uno puede encontrar en sus antepasados personas que fueron encerradas (a puerta cerrada), abusiva o justificadamente, pero que han ocasionado un gran sufrimiento familiar. Por ello es importante que todas las decisiones sean justas.

El alguacil está siempre entre dos puertas. Es el que se interpone entre dos partes y va de la puerta de una a la puerta de la otra para entregar o ejecutar. En su historia, puede haber habido personas que se encontraran con la puerta cerrada en una situación en la que era importante poder ir a buscar lo que había detrás de ésta: un hijo, un padre, dinero, comida…

96. Vendedor - Vendedora

Papel e historia

El vendedor es una persona cuya profesión consiste en vender. Ofrece un bien o servicio a cambio de dinero.

El nombre «vendedor» procede del latín *vendĭtor, -ōris*.

El vendedor comercia, que es una de las actividades humanas más antiguas. Al principio se hacía en forma de intercambio con el trueque y, más tarde, se modernizó con el oro y, después, con el dinero.

Simbolismo

El vendedor se encuentra entre el producto comprado y el producto vendido, pero siempre para obtener un beneficio. Además, detrás del vendedor suele haber un simbolismo de estafador o timador, como si se aprovechara del comprador.

El individuo puede tener antepasados en la propia familia a los que se les quitó todo sin compensación de ningún tipo. Otros pueden haber vendido con pérdidas o haber sido estafados al comprar un producto o un bien. Su generosidad o ignorancia puede haber perjudicado a algunos miembros del clan.

En esta familia, todo tiene un precio, y como el dinero y el amor tienen la misma energía emocional, posiblemente que recibiera el amor con condiciones. Yo te daré si tú me das. Así que cuando recibo dinero de la otra persona, es como si me diera amor a cambio de lo que yo le vendo.

También existe una búsqueda de reconocimiento, consiguiendo vender al otro el producto que le conviene y le deleita, o logrando convencer a la persona para quien el producto no es adecuado.

El desafío es, a la vez, un intercambio que alimenta al vendedor y al comprador y un juego que alimenta la estima del que vence al otro.

La venta es una profesión intermedia, el profesional suele utilizar esta profesión como trampolín y a menudo es el paso entre dos profesiones.

97. Veterinario - Veterinaria

Papel e historia

El veterinario es un médico que trata a los animales. El cuidado de los animales ha sido muy rudimentario durante décadas, ya que interesa sobre todo mantener vivos a los que son rentables, como los animales de granja o los caballos que ayudan en las labores agrícolas. La domesticación del caballo es una apertura fundamental para la profesión, ya que este animal, que rápidamente adquirió cierto prestigio por su presencia en el ejército y su importante función en la clase acomodada, requería una atención especial. También apareció el término hipiatría, que hace referencia a la especialidad veterinaria que se dedica a cuidar la salud de los caballos.

Fue a mediados del siglo XVIII, tras varias epidemias que habían exterminado a los animales, cuando el estado, preocupado por su conservación, permitió el uso de un medicamento específico para ellos y se creó la primera escuela veterinaria en Francia. La profesión veterinaria despegó a medidos del siglo XIX. En España, en cambio, hasta la década de 1840, esta profesión dependió del ámbito militar.

Se dice que el término «veterinario» procede del latín *veterinarius,* derivado de *veterīnae,* que significa «bestia de carga».

Simbolismo

En esta profesión, el animal recibe los mismos cuidados que el ser humano. Puede haber sido muy importante en la familia del profesional.

Los miembros de la familia han sobrevivido gracias a los animales y el veterinario los considera salvadores que merecen ser salvados.

Por el contrario, los animales pueden haber perecido y causado a la familia vergüenza, sufrimiento o inanición, y el profesional compensa la falta de cuidados que han padecido.

El veterinario puede tener uno o varios médicos en la familia, y se mantiene fiel a la profesión, al tiempo que pone en ella su propia personalidad. Por otra parte, el hecho de que los animales no hablen puede compensar las terribles palabras que habrían escuchado los médicos de cabecera.

Este profesional puede haber perdido un animal que era muy importante para él cuando era niño. Si ha sufrido y siente que podría haberse salvado, lo repara cuidando de los animales.

El veterinario puede haber sufrido un ataque o una enfermedad de niño y no haber tenido ninguna defensa contra ello, ni médica ni paterna. Por este motivo, decide ocuparse de animales indefensos para salvarlos.

Cuidar de los animales hace que la persona que lo hace esté muy animada, ya que este trabajo le proyecta una alta autoestima, se siente muy «animado» con su práctica.

Es posible que al veterinario le hayan faltado al respeto, le hayan hablado como a un «perro» y lo hayan menospreciado.

Repara sus heridas cuidando del animal, que es como un niño pequeño, indefenso. Lo rehabilita rehabilitándose a sí mismo. También puede haber estado solo, con padres que estaban fuera o trabajando mucho y con su único amigo siendo su mascota. Trabajar con animales le devuelve a su vida familiar y puede hacerle sentir seguro y tranquilo.

98. Webmaster (administrador de sitio web)

Papel e historia

El *webmaster* es la persona responsable de un sitio web, desde el diseño hasta el desarrollo y el mantenimiento.

Aunque esta profesión también se conoce como administrador de sitio web, tal vez sea más conocido el término *webmaster*.

En los inicios del desarrollo digital, este profesional era multitarea, pero el desarrollo e importancia de estas técnicas ha dado lugar a otras profesiones que han evolucionado a partir del *webmaster*.

Este profesional, autodidacta en un primer momento, debe cada vez más, a petición de las empresas, tener una formación sólida y reconocida para encontrar su lugar en el mercado laboral. Sin embargo, el título no es obligatorio para ejercer, y la profesión aún no está regulada (2020).

La palabra *webmaster* procede del inglés *web* y del latín *master*. El *webmaster* es el amo de la web («telaraña»).

Simbolismo

La palabra «tela» procede del latín *tela,* que significa «paño», «tejido», «hilo», y que puede conllevar la idea de trama, intriga.

¿Quiere el dueño de la telaraña ser el dueño de la trama? Pero ¿de qué trama se trata?

¿Existieron maniobras insanas en su familia que no se controlaron y llevaron consigo sufrimiento?

Cabe imaginar que la familia ha sufrido «ataques dañinos» que no ha sabido gestionar y la descendencia debe reparar gestionándolo todo al máximo.

Por el contrario, el *webmaster* puede ser descendiente de una familia en la que ha habido bandidos, estafadores o personas malintencionadas que se aprovecharon de los demás. Éste puede deshacer el daño causado controlando el hilo de la vida de los demás.

El *webmaster* puede haber carecido de seguridad en su infancia, quizá por la ausencia del padre, que se suponía que representaba la seguridad. Puede que se le pidiera que fuera el elemento seguro de la familia y desde entonces lo gestiona todo.

Sin embargo, también existe la idea de la distancia. Como si no tuvieras que enfrentarte a ello cara a cara. Es más fácil lidiar con todo desde detrás de una pantalla que cara a la cara.

El *webmaster* puede haber estado solo, encerrado, incomunicado, con un sentimiento de soledad que no le ha ayudado a reforzar su autoestima frente a los demás. Como resultado, todo es más fácil a través de una ventana de cristal.

Puede haber sufrido abusos, puede no haber sido capaz de controlar lo que le hicieron, y, desde entonces, se ha convertido en el dueño de la tela, que puede haber sido como la tela de la araña que es capaz de aprisionar para devorar. También puede reparar este proceso, con el que puede haberse visto afectado uno de los miembros de su familia.

Debe de tener una enorme necesidad de gestionarlo todo, de regularlo todo, de controlarlo todo, hasta el más mínimo detalle.

Puede que haya conservado su alma de niño, que quería que se convirtiera en «el amo del mundo».

99. Zapatero - Zapatera

Papel e historia

El zapatero es un artesano que repara zapatos y prendas de piel a petición de sus clientes.

Muy pronto, el hombre necesitó proteger sus pies con zapatos y el cuero se empleó sobre todo por su calidad y solidez. El nombre «zapatero» proviene de «zapato», que, a su vez, procede del turco *zabata*.

Ha habido zapateros famosos, algunos de los cuales incluso han pasado a la lengua vernácula, como monsieur Godillot, que suministraba botas al ejército.

Simbolismo

Los zapateros se encuentran en familias que pueden haber ido descalzas durante la guerra o cuyo calzado desgastado no podía repararse.

El dicho francés «el zapatero es el peor calzado» también puede explicar que, en la familia del zapatero, el que reparaba los zapatos podía haberlo hecho a costa de sí mismo, sin cobrar y sin poder reparar los suyos propios.

Los zapatos degastados hasta la cuerda, como los que se hacían antiguamente, podrían haber sido reparados por un zapatero de la familia que ofreciera la cuerda de repuesto sin avisar a los suyos.

El profesional puede proceder de una pareja ilegítima o bien haber sido abandonado, huérfano, y rechaza el cordón umbilical.

100. Zoólogo

Papel e historia

Un zoólogo es un biólogo que estudia la vida de los animales, su funcionamiento, si es posible en su entorno natural.

Las pinturas rupestres de *Homo sapiens* han demostrado que se produjo una observación temprana de los animales. El filósofo griego Aristóteles fue uno de los primeros en escribir sobre biología animal.

Los estudios del reino animal se han desarrollado a lo largo de los siglos y, durante los siglos XVIII y XIX, la zoología se convirtió en una disciplina científica cada vez más profesional.

El término «zoología» procede de *zoo* y *-logía*, la «ciencia de los animales». Zoología es, por tanto, el nombre de la ciencia que se ocupa del estudio de los animales.

Simbolismo

De hecho, los animales ocupan un lugar especial en la vida de este profesional, que se pasa la vida estudiándolos. Más que el amor a los animales, lo que le interesa es la comprensión de su funcionamiento.

Curioso por «naturaleza», el zoólogo deja lo humano para mirar lo animal. Continúa un modelo familiar o cumple un sueño de la infancia. Estudiar a los animales permite desprenderse de la comprensión del funcionamiento del ser humano, que a veces resulta un poco complicado.

Este profesional puede haberse sentido atraído por los animales a una edad temprana porque estaban a su alrededor y quiere entender cómo funcionan, tal vez porque un animal le fascine. Descubrir a los animales seguramente le permite descodificarlos mejor, como si los pusiera al mismo nivel que los humanos. Puede que los humanos le hayan decepcionado y que su interés por la fauna le permita escapar de sus congéneres para encontrar otra familia, sobre todo si los estudia en su entorno natural.

El zoólogo es también un biólogo que trabaja en la supervivencia de las especies animales. Seguramente milita para salvar el planeta y preservar la naturaleza, porque si el hombre es destructivo, el animal se construye y es fundamental mantenerlo vivo para salvar el planeta.

Es posible que haya vivido un suceso dramático en relación con uno o varios animales que sufrieron, cuyo funcionamiento se desconocía y no quiere seguir soportándolo. Necesita saberlo todo para evitar que vuelva a ocurrir.

El zoólogo, si es multidisciplinar en su práctica, puede ser una persona que se aburra con rapidez si no está ocupado. Puede haber estado solo, haber crecido en soledad y haberse «hecho» a sí mismo, y puede ser investigador, observador, analista, conferenciante o escritor.

Por el contrario, es posible que estuviera rodeado de muchos hermanos y hermanas, y que encontrara en la observación de la vida de ciertos animales un vínculo fraternal relacionado con la despreocupación de la infancia.

Trabajar con animales «anima» su vida; sin duda debe de ser una persona «apasionada».

Índice